Nikolaus Lenz

Allgemeinwissen für Schlauköpfe

Tiere, Menschen, Sensationen

Nikolaus Lenz wurde in Klausenburg (Siebenbürgen) geboren. Nach einer Lehre als Bankkaufmann studierte er Betriebswirtschaft sowie Technik- und Wissenschaftsgeschichte. Heute konzentriert er sich als freier Schriftsteller auf das Schreiben von Büchern für Kinder.

Nikolaus Lenz

Allgemeinwissen für Schlauköpfe

Tiere, Menschen, Sensationen

Mit Illustrationen
von Charlotte Wagner

Ravensburger Buchverlag

Als Ravensburger Taschenbuch
Band 53104
erschienen 2007

Erstmals in den
Ravensburger Taschenbüchern
erschienen 1997 unter dem Titel
„Ist ja nicht zu fassen!
Das Buch der Sensationen".

Die Originalausgabe erschien 1993
im Loewe Verlag, Bindlach
unter dem Titel „Das Buch der 1000 Sensationen".
Bei der vorliegenden Ausgabe handelt es sich
um eine gekürzte Fassung.

Umschlagillustration: Charlotte Wagner

Printed in Germany

1 2 3 4 5 11 10 09 08 07

ISBN 978-3-473-53104-2

www.ravensburger.de

Inhalt

Aus aller Welt

Die Kehrseite der Flagge

Als einzige Flagge der Welt hat die Nationalflagge des südamerikanischen Staates Paraguay zwei verschiedene Seiten: Auf der einen Seite zeigt sie das Nationalwappen, auf der anderen Seite das Siegel des Finanzministers. Der Hintergrund ist freilich auf beiden Seiten gleich: rot-weiß-blau gestreift.

„Stars" und „Stripes" und kein Ende

Nicht weniger als 26 Mal mussten die Nationalflaggen der Vereinigten Staaten seit Bestehen des Landes umgenäht werden. Die Flagge besteht aus roten und weißen Streifen und weißen Sternen auf blauem Hintergrund.

Die erste US-Flagge des Jahres 1777 hatte dreizehn Sterne und dreizehn Streifen (sieben rote und sechs weiße), die auf die dreizehn Gründerstaaten der USA hinwiesen. In der Folgezeit traten den USA ständig neue Staaten bei; und jedes Mal musste eine neue Flagge mit noch mehr Sternen und Streifen her. Im Jahr 1818 wurde es den Amerikanern zu bunt: Ihre Nationalflagge, die „Stars and Stripes", besteht seitdem aus dreizehn Streifen. Lediglich die Zahl der Sterne veränderte sich noch, wenn ein weiterer Bundesstaat hinzukam. Derzeit bestehen die USA aus 50 Bundesstaaten.

Ein Bundesstaat der Vereinigten Staaten von Amerika liegt übrigens gar nicht in Amerika, sondern ziemlich in der Mitte des Pazifischen Ozeans. Es ist die Inselgruppe von Hawaii.

Die Riesin mit dem Lift im Körper

Das wahrscheinlich größte Geschenk aller Zeiten machten die Franzosen den Vereinigten Staaten von Amerika: die Freiheitsstatue an der Einfahrt zum Hafen in New York. Der offizielle Name der Riesin lautet „Die Freiheit erleuchtet die Welt". Die Statue erinnert an die Gründung der Vereinigten Staaten von Amerika vor mehr als 200 Jahren. Sie wurde 1886 eingeweiht, genau 110 Jahre nach Gründung der USA. Millionen Europäer sind seitdem der religiösen und politischen Unterdrückung in ihrer Heimat entflohen und nach Amerika ausgewandert, um dort in Freiheit leben zu können.
Die Freiheitsstatue ist vom Sockel bis zur Flamme der Fackel 92,5 Meter hoch und innen hohl. Die Statue allein hat eine Höhe von 46,5 Metern. Man kann im Lift durch den Körper hochfahren. Im Kopf befindet sich ein Restaurant. Vor dem Transport nach Amerika stand die Freiheitsstatue ein Jahr lang in Paris.

Jean-François Champollion löst das Rätsel der Hieroglyphen

Der französische Gymnasiast Jean-François Champollion war gerade zwölf Jahre alt, als er seinen Entschluss verkündete: „Ich werde die ägyptischen Hieroglyphen entziffern!" Nun war Jean-François zwar ein Wunderkind, das nach sechs Jahren Grundschule schon perfekt Latein und Altgriechisch verstand und auch die Bibel im hebräischen Urtext lesen konnte.

Vor etwa 200 Jahren, als Champollion lebte, war alle Welt jedoch überzeugt, dass sich die Hieroglyphen, die „Heiligen Zeichen", niemals würden entziffern lassen. Niemand verstand die Sprache der alten Ägypter.
Der junge Mann begann, sich mit der ägyptischen Altertumsforschung zu befassen. Als 17-jähriger veröffentlichte er ein Buch mit dem Titel „Ägypten unter den Pharaonen". Das machte ihn mit einem Schlag berühmt. Doch dann wandte sich das junge Genie einer anderen Aufgabe zu und schrieb ein Wörterbuch der koptischen Sprache.
Dabei kam ihm die Idee seines Lebens: Vielleicht waren die Hieroglyphen mit ihren Sonnenscheiben, Tierköpfen und Wellen auch eine Lautschrift! Vielleicht standen die Zeichen nicht nur für Dinge, sondern auch für Laute! Zum Glück gab es von einer ägyptischen Schrifttafel, vom Stein von Rosette, auch eine Abschrift in griechischer Sprache.
Jean-François schloss sich im Jahr 1822 eine Woche lang in seinem Zimmer ein und verglich die beiden Schriftstücke. Dann stieß er auf den Namen „Ptolemäus": einerseits in griechischen Schriftzeichen, andererseits in ägyptischen Hieroglyphen. Damit hatte er den Schlüssel zur Entzifferung gefunden. Vor Aufregung über seine Entdeckung fiel er in Ohnmacht, aus der er erst fünf Tage später wieder erwachte.

Der Untergang der Titanic

Der Passagierdampfer „Titanic" („die Gewaltige") war der ganze Stolz der britischen Schiffsbaukunst. Als sie 1912 vom

Stapel lief, galt sie als unsinkbar. Doch das größte und modernste Schiff seiner Zeit machte nur eine einzige Fahrt. Auf der Jungfernfahrt nach Amerika rammte sie am 14. April 1912 vor Neufundland einen Eisberg, sank und nahm 1503 der 2000 Passagiere mit in den Tod. Dieses Ereignis erschütterte die Weltöffentlichkeit. Religiöse Eiferer werteten die Katastrophe als Warnung Gottes vor menschlichem und technischem Übermut.

Die Unglücksursache: Die Nieten, mit denen die Stahlplatten des Schiffsrumpfs zusammengehalten wurden, waren einfach zu schwach. Der Eisberg schlitzte das Schiff nicht auf, sondern drückte die Seitenwand ein. Die Nieten sprangen wie Knöpfe ab und Wasser drang ein. Wahrscheinlich hätten die meisten Passagiere gerettet werden können, hätte die Besatzung nicht einen folgenschweren Fehler gemacht. Der Schiffsrumpf war nämlich in Schotten (wasserdichte Kammern) unterteilt. Der Kapitän ließ alle Schotten schließen. Nun sammelte sich das eindringende Wasser auf der zerborstenen Seite des Schiffs. Die geschlossenen Luftkammern auf der anderen Seite wirkten wie Luftpolster und hoben dort das Schiff an.

So kippte die Titanic immer schneller um. Wären alle Schotten offen geblieben, so hätte sich der Schiffsrumpf langsam und gleichmäßig mit Wasser gefüllt. Die Titanic wäre auch dann gesunken, aber so langsam, dass Rettung für die Passagiere noch möglich gewesen wäre.

Wiens wachsame Bäcker

Im Jahr 1683 standen die muslimischen Türken vor den Toren Wiens und bereiteten sich zum Generalangriff vor. Ein Fall der Stadt hätte wohl verheerende Folgen für das übrige Europa gehabt. Der türkische Angriffsplan sah vor, nachts einen Stollen unter den Stadtmauern zu graben und Soldaten in die Stadt einzuschleusen.
Doch die Türken hatten ihre Rechnung ohne die Wiener Bäcker gemacht. Die schliefen nämlich nicht, sondern backten Brot. Dabei hörten sie die Grabungsarbeiten der Türken. Sie schlugen Alarm und retteten damit die Stadt Wien.

Dr. Livingstone, wie ich vermute?

Der englische Missionar David Livingstone war der berühmteste Forschungsreisende seiner Zeit. Er erkundete ab 1849 Süd- und Zentralafrika. 1855 entdeckte er die Victoriafälle des Sambesi, und er war der erste Weiße, der Afrika von West nach Ost durchquerte. Als plötzlich die Nachrichten verstummten, galt Livingstone als verschollen. In aller Welt wurde sein Verschwinden diskutiert.
Vier Jahre später beauftragte die Zeitung „New York Herald" ihren Reporter Henry Morton Stanley, sich auf die Suche nach dem Vermissten zu machen. Nach einer achtmonatigen Suche fand Stanley den Engländer. Am 28. Oktober 1871 trat er ihm am Tanganjikasee mit den berühmten Worten entgegen: „Dr. Livingstone, wie ich vermute?"

Heinz mit Soße

Ketchup, wie wir es heute kennen, wurde 1876 vom Amerikaner Heinz erfunden. Die Ursprünge dieses so beliebten Nahrungsmittels liegen aber höchstwahrscheinlich im alten China: Die Chinesen waren die Ersten, die eine Soße aus Fisch und Meeres-Krustentieren zubereiteten und sie „ketsiap" nannten. Die Engländer lernten diese Soße im 17. Jahrhundert in Malaysia kennen, wo die Soße als „Ketchap" bezeichnet wurde.

Nachdem das Ketchap durch Fernreisende in Amerika eingeführt worden war, inspirierte es Heinz zu seinem berühmten Tomaten-Ketchup.

Weißes Haus mit schwarzen Spuren

Das Weiße Haus in Washington ist schon seit Langem der Regierungssitz der amerikanischen Präsidenten. Seine weiße Farbe trägt das Gebäude allerdings noch nicht sehr lange. Ursprünglich hatte das Haus nämlich die Farbe des Gesteins, aus dem es gebaut ist. Und die war nicht weiß, sondern grau.

Später war das heutige Weiße Haus sogar schwarz, zumindest zum Teil: In einem Krieg zwischen den USA und Großbritannien hatten britische Truppen Washington besetzt und alle Regierungsgebäude in Brand gesetzt. Als Folge dieser Feuersbrunst wies auch das Präsidentenhaus zahlreiche schwarze Brandspuren auf. Um diese zu beseitigen, wurde das berühmte Gebäude dann nach dem Krieg weiß angemalt. Seitdem heißt der Regierungssitz des amerikanischen Präsidenten Weißes Haus.

Ist Umweltschutz ein alter Hut?

Eines der ersten Gesetze zum Schutz der Luft wurde bereits im Jahre 1382 erlassen. Urheber dieser frühen Umweltschutzmaßnahme war der französische König Karl VI. Der Gesetzestext besagt, dass das Freisetzen von übel riechenden Gasen in Paris verboten ist. Beschwerden über die Verschmutzung der Luft gab es schon vorher: In Rom mussten die Glasmacher um 150 n. Chr. ihre Werkstätten aus dem Stadtzentrum nach außen verlegen, und im Jahre 1272 verbot Englands König Edward I. die Verwendung schwefelhaltiger Kohle.

Die Falken fackeln nicht

Während des Zweiten Weltkriegs setzte die britische Luftwaffe eine Einheit von 15 Wanderfalken für Patrouillenflüge in abgelegenen Küstengebieten ein. Die Vögel sollten als eine Art Abfangjäger Brieftauben töten. Die Briten befürchteten, von deutschen Spionen in England ausgesandte Brieftauben könnten geheime Botschaften von der Insel auf das von den Deutschen besetzte Festland bringen.

Unglücklicherweise konnten die Falken Freund und Feind nicht unterscheiden. Sie machten auch freundlich gesinnten

Brieftauben den Garaus, die Nachrichten von der mit England verbündeten französischen Widerstandsbewegung nach England transportieren sollten. Die Falken wurden bald wieder aus militärischen Diensten entlassen und in andere Gebiete gebracht.

Eine erfolgreiche Erfindung in Zeiten der Wirtschaftskrise

Während der Weltwirtschaftskrise in den 30er-Jahren, als jeder von viel Geld träumte, erfand der Amerikaner Charles Darrow eines der erfolgreichsten Spiele aller Zeiten: Monopoly. Inzwischen wurde dieses unterhaltsame Gesellschaftsspiel über 100 Millionen Mal verkauft.

Amerikas Ureinwohner auf verlorenem Posten?

Am 2. Juni 1924 beseitigte das Parlament der USA ein jahrhundertealtes, unglaubliches Unrecht: Erstmals wurden die Nachfahren der Ureinwohner Amerikas, die Indianer, als gleichberechtigte Bürger der Vereinigten Staaten anerkannt. Bis dahin hatten sich die weißen Einwanderer und ihre Nachkommen gegen diese Selbstverständlichkeit gewehrt. Sie befürchteten, mit der Anerkennung der Bürgerrechte für die Indianer zugeben zu müssen, dass ihre Vorfahren den Ureinwohnern ihr Land geraubt hatten.

Und in der Tat gab es vor 400 Jahren etwa 150 Indianervölker mit insgesamt 20 Millionen Menschen. Sie wurden von den Weißen zurückgedrängt und durch Krieg und eingeschleppte Krankheiten vernichtet. Heute lebt nur noch etwa eine Million Indianer in den USA, die meisten von ihnen wohnen in Reservaten.
Mit der Anerkennung ihrer Bürgerrechte war freilich noch nicht viel gewonnen. Noch immer kämpfen die Nachkommen der amerikanischen Ureinwohner darum, dass ihnen der Grund und Boden, auf dem sie leben, auch wirklich als Eigentum zugesprochen wird.

Eine grausige Wahl

Im Jahr 1972 stürzte ein Passagierflugzeug in 4000 Meter Höhe in den südamerikanischen Anden ab. Die Absturzstelle lag weitab von jeder menschlichen Behausung. Die Gegend war tief verschneit und die Temperaturen lagen bei minus 25 Grad.
Als die Suchmannschaften nach 70 Tagen fieberhafter Suche das Wrack der Maschine endlich entdeckten, waren noch 16 Menschen am Leben. Die anderen 29 Fluggäste waren entweder beim Absturz ums Leben gekommen, später ihren Verletzungen erlegen, oder sie waren beim Versuch, menschliche Siedlungen zu erreichen, unter Lawinen begraben worden. Wie sich herausstellte, hatten die Überlebenden ihr Leben nur dadurch retten können, dass sie das Fleisch von Toten gegessen hatten. Denn im Flugzeug war kein Proviant gewesen,

von ein paar Tafeln Schokolade und einigen Marmeladengläsern abgesehen. Vor der Wahl, entweder an Hunger zugrunde zu gehen oder Menschenfleisch zu essen, hatte der Überlebenswille gesiegt. Was die ganze Sache vielleicht noch grausiger machte, war der Umstand, dass alle Fluggäste, mit Ausnahme der Besatzung, enge Schulfreunde waren.

Ein Auto mit Unglück an den Rädern

Carl, Heinrich und Franz Gräf gründeten 1893 Österreichs erste Werkstätte für Automobile und entwickelten 1898 das weltweit erste Auto mit Vorderradantrieb. Im Jahr 1901 taten sich die Brüder Gräf mit Wilhelm Stift zusammen, um vor allem große Limousinen zu bauen. Das Ergebnis dieser Gemeinschaftsarbeit der „Gräf & Stift" war ein Auto mit einem Vier-Zylinder-Motor und Vorderradantrieb.

Doch so viel bewundert und begehrt dieses Gefährt auch war, es brachte nichts als Unglück. In diesem Wagen saß der Thronfolger Erzherzog Franz Ferdinand, als er im Jahre 1914 in Sarajevo einem Attentat zum Opfer fiel. Die Folge dieses Verbrechens war der Ausbruch des Ersten Weltkrieges. In den nächsten zwölf Jahren hatte das berühmte Auto nicht weniger als 15 verschiedene Besitzer. Doch auch denen brachte das Fahrzeug nur Unglück: Es war in sechs schwere Unfälle verwickelt, bei denen 13 Menschen ums Leben kamen. Nach seinem letzten spektakulären Unfall in Rumänien wurde das Auto endlich aus dem Verkehr gezogen. Heute kann man es im Heeresgeschichtlichen Museum in Wien bewundern.

Warum Amerikas Farmer für ihren Feind ein Denkmal errichteten

Um die Jahrhundertwende vernichteten Baumwollkapselkäfer die gesamte Baumwollernte Alabamas (USA). Damit war die wirtschaftliche Grundlage der Menschen in diesem Staat praktisch zerstört. In dieser katastrophalen Situation begannen die Bauern wohl oder übel, mit anderen Nutzpflanzen zu experimentieren.
Schon bald stellte sich heraus, dass der Anbau von Erdnüssen eine besonders einträgliche Sache ist. Die Erträge der Erdnussplantagen waren unvergleichlich höher als die der Baumwollfelder. Und so brachten es die Bauern von Alabama binnen kurzer Zeit zu beträchtlichem Reichtum. Aus Dankbarkeit dafür, dass ihnen ihr ehemaliger Feind, der Baumwollkapselkäfer, zu diesem Wohlstand verholfen hatte, errichteten die Menschen dem zuvor verhassten und verfluchten Tier sogar ein Denkmal! Es steht in der Stadt Enterprise.

Katzen als Geiseln

Im alten Ägypten galten Katzen als heilige Tiere. Diese Einstellung nutzten persische Krieger rücksichtslos aus, als sie vor gut 2500 Jahren die ägyptische Stadt Pelusium belagerten. Die Verteidiger wehrten sich so lange tapfer, bis die persischen Angreifer Katzen als Geiseln nahmen. Die Perser trugen die Katzen mit in die Schlacht und ließen sie im Getümmel frei.

Die Ägypter scheuten davor zurück, ihre Speere und Pfeile einzusetzen. Sie ergaben sich lieber, als die Katzen mit ihren Pfeilen und Speeren zu verletzen.

Der Alte Fritz und die Kartoffel

Die Kartoffel, mancherorts auch Erdapfel oder Grundbirne genannt, ist uns heute als Nahrungsmittel so vertraut, dass wir uns kaum vorstellen können, welchen Aufruhr ihre Einfuhr nach Europa vor 350 Jahren hervorgerufen hat. Kartoffeln stammen wie Tomaten und wie der Mais aus Südamerika. Um 1750 zwang der Preußenkönig Friedrich II. seine Untertanen, diese Knollenfrucht anzubauen. Er erhoffte sich dadurch eine Verbesserung der Ernährung seiner Landsleute. Doch zunächst erreichte er das Gegenteil: Die Preußen wussten nicht mit dieser seltsamen Frucht umzugehen. Manche kochten und aßen die Blätter und trugen Vergiftungen davon. Es dauerte viele Jahre, bis sich die Kartoffel als Grund- und sogar Hauptnahrungsmittel durchsetzte.
In Irland führte der Kartoffelanbau zu einer wirklichen Katastrophe. Mitte des 19. Jahrhunderts vernichteten Schädlinge die Kartoffelernten mehrerer Jahre auf der ganzen Insel. Innerhalb von zwei Jahren verhungerten zwischen 500 000 und einer Million Menschen. Man schätzt, dass eine weitere Million Menschen aufgrund der Hungersnot nach Amerika auswanderte.

Spanische Eroberer in Mexiko: halb Mensch, halb Tier?

Heute erscheint es uns unglaublich, mit welcher Leichtigkeit ein paar Dutzend spanische Abenteurer vor 500 Jahren die großen Zivilisationen von Mittel- und Südamerika niederwerfen konnten. Eine große Rolle hat dabei das Auftreten der Eroberer zu Pferd gespielt. Die amerikanischen Ureinwohner kannten Pferde nicht, und sie glaubten zunächst, die Männer seien gewaltige Wesen, halb Mensch und halb Tier.
Besonders einfach hatten es die Eroberer in Mexiko. Dort wurden sie von den Azteken als Götter begrüßt. Eine alte aztekische Sage berichtete nämlich davon, dass eines Tages der hellhäutige, bärtige Gott Quetzalcoatl mit Schiffen zu seinem Volk zurückkehren würde. Der spanische Eroberer Hernando Cortez war hellhäutig, hatte einen Bart, und er kam mit Schiffen. Also wurde er vom Aztekenherrscher Montezuma ehrerbietig begrüßt. Cortez und seine Kumpane nutzten die Ehrfurcht der Amerikaner rücksichtslos aus. Das Ergebnis war die Errichtung der spanischen Herrschaft in Mittelamerika, die Ausplünderung zugunsten der spanischen Krone und der Tod von Millionen Ureinwohnern.

Die ersten Taucherhelme: Umfallen verboten!

Die ersten Taucherhelme waren gefährliche Apparate. Sie saßen auf dem Kopf wie ein viel zu großer Hut und waren am

Hals nicht abgedichtet. Der Taucher konnte zwar die Luft atmen, die ihm der Schlauch in den Helm lieferte – aber nur, solange er aufrecht stand. Ein Taucher, der umfiel, war höchst gefährdet. Sein Helm füllte sich sofort mit Wasser.
Erst im Jahr 1829 kam man auf den Gedanken, Helm und Taucheranzug zu kombinieren. Nun wurde der schwere Taucherhelm an das Halsstück des Taucheranzugs angeschraubt, und der Taucher konnte von nun an, wenn er Lust hatte, Purzelbäume unter Wasser schlagen.

Japans Kampfpiloten und der Wind der Götter

Im Jahr 1260 war der größte Teil Asiens in der Hand der Mongolen. Dem Mongolenherrscher Kublai Khan, einem Enkel Dschingis Khans, gelang sogar die Eroberung Chinas. Damit waren die Mongolen die größte Militärmacht der Welt, und Kublai Khan wollte seine Herrschaft auch über das kleine Japan ausdehnen. 1274 lief eine starke Streitflotte nach Japan aus. Doch ein Taifun zerstörte die Streitmacht. Die Japaner nannten diesen hilfreichen Taifun „Kamikaze" – Wind der Götter. Für sie war dieses historische Ereignis ein Symbol dafür, wie sich das Schicksal im letzten Augenblick noch wenden konnte.
Als Japan im Zweiten Weltkrieg im Kampf gegen die Amerikaner auf verlorenem Posten stand, besannen sich die Japaner auf diesen Wind der Götter. Sie wollten sich dabei jedoch nicht auf das Wetter verlassen. Speziell ausgebildete Kampf-

piloten opferten ihr Leben, indem sie sich mit ihren Flugzeugen voll Sprengstoff auf amerikanische Kriegsschiffe stürzten. Sie nannten sich Kamikaze-Flieger.

Ein Aal als Kopfschmerzmittel

Der erste Elektroschock-Patient war wohl der römische Kaiser Claudius. Befielen den Imperator Kopfschmerzen, legte ihm sein Leibarzt einen Aal auf die Stirn, der leichte elektrische Schläge austeilte. Angeblich hat es dem Kaiser gutgetan.
Elektroschock-Behandlungen der Neuzeit haben schlimmere Wirkungen gezeigt. Dem Patienten wurden starke Stromstöße durch das Gehirn gejagt.
In der ersten Hälfte des vorigen Jahrhunderts versuchte man auf diese Weise, seelisch kranke Menschen von ihren Depressionen zu heilen. Bei einer Elektroschock-Behandlung wirbelte der Stromfluss die schwachen natürlichen Hirnströme durcheinander und ließ das Opfer ohnmächtig werden. Kranke Menschen wurden dabei oft auch gegen ihren Willen unter Strom gesetzt. Fachleute bezweifeln heute, ob durch Elektroschocks jemandem jemals wirklich geholfen wurde.

Er kam an beide Pole

Der norwegische Polarforscher Roald Amundsen war der erste Mensch, der den Nordpol und den Südpol erreicht hat. 1928 starb er bei einem Flug nach Spitzbergen.

Ein genialer Erfinder ohne Glück

Eine sensationelle Idee hatte der englische Pfarrer William Lee, um seiner Gattin die Hausarbeit leichter zu machen: Er erfand 1588 den ersten Handwirkstuhl, den wichtigsten Vorläufer der modernen vollautomatischen Strickmaschinen. Er ließ seine Maschine ein Paar Wollstrümpfe stricken und schickte sie der englischen Königin als Geschenk. Er hoffte sehr, dass sie ihm die Erlaubnis zur Produktion des Wirkstuhls erteilen würde. Lee hatte Pech. Die Königin hatte für Wollstrümpfe nichts übrig. Der Geistliche verbesserte seine Maschine so sehr, dass sie auch feine Seide stricken konnte, und wandte sich neuerlich an den Hof. Und er fiel ein zweites Mal durch. Diesmal wurde ihm die Weiterarbeit an der Maschine verboten, weil man fürchtete, dass die Handstricker ihre Arbeit verlieren würden.
Die Strickmaschine setzte sich erst nach dem Tod des Erfinders durch. Interessanterweise ist das Stricken eine ziemlich junge Erfindung. Während die Menschen seit Jahrtausenden weben, strickt man erst seit dem späten Mittelalter.

Götter, Tempel und Kanonen

Mit einem Donnerschlag wurde eines der berühmtesten Bauwerke der Welt, die vor etwa 2500 Jahren erbaute Akropolis, die Tempelanlage der griechischen Hauptstadt Athen, zur Ruine. Das haben sich die Athener allerdings zumindest teilweise auch selbst zuzuschreiben. Denn während des Krieges zwischen Türken und Venezianern im Jahr 1687 lagerten sie Schießpulver ausgerechnet im Haupttempel, dem Parthenon. Eine türkische Kanonenkugel schlug in diesem Pulvermagazin ein. So flog das berühmte Bauwerk in die Luft.

Queen Victoria und die schmerzfreie Entbindung

Die englische Königin Victoria brachte im Jahr 1853 bei der Geburt ihres neunten Kindes eine schmerzfreie Entbindung hinter sich. Sie atmete Chloroform-Dämpfe ein und fand das sehr angenehm und beruhigend. Das königliche Vorbild verursachte großes Aufsehen. Von nun an waren Frauen nicht nur in England bereit, sich der Narkosemittel zu bedienen. Wegbereiter dieser Art von Geburtshilfe war der schottische Arzt James Young Simpson. Er war Professor für Geburtshilfe an der Universität Edinburgh, und er war es auch, der seine Königin bei der schmerzfreien Entbindung betreute.

So kamen die Elefanten in die Alpen

Vor etwa 2200 Jahren gab es im Mittelmeerraum zwei Supermächte, die gleich stark waren und die sich die Herrschaft über die Region streitig machten: die Römer und die nordafrikanischen Karthager. Im Jahr 218 v. Chr. holte der karthagische Feldherr Hannibal zu einem kühnen Schlag gegen Rom aus. Er landete nicht per Schiff in Italien, sondern zog über Spanien und Frankreich nach Norden, um die Alpen zu überqueren und hinterrücks in das Römerreich einzufallen. Außergewöhnlich daran war nicht nur der Mut der Afrikaner, die Alpen zu überwinden – damals ein gefährliches und beschwerliches Unterfangen. Hannibal nahm auch 60 Kriegselefanten mit. Und tatsächlich gelang es ihm, die Alpen zu überqueren und mit seinen Elefanten die Römer in große Angst zu versetzen. Die Elefanten verbreiteten durch ihre Größe bei den römischen Soldaten Furcht und Schrecken. Tatsächlich siegte Hannibal in der Schlacht von Cannae. Doch konnte er diesen Sieg nicht nutzen. 50 Jahre danach machten nämlich die Römer endgültig das einst reiche und blühende Karthago dem Erdboden gleich.

Da war der Bart ab

Vor etwa 300 Jahren wollte Zar Peter der Große das rückschrittliche russische Reich in einen modernen Staat verwandeln. Der junge Zar hatte einige Jahre in Holland verbracht, wo er sich unerkannt als Schiffsbauer und Zimmermann ausbilden ließ und modernes Denken kennenlernte. Als Symbol für die Modernisierung der Verwaltung befahl er seinen Hofbeamten, sich die langen Bärte abzuschneiden. Widerspenstigen Beamten drohten harte Strafen. Das war ein unerhörter Bruch mit der Tradition, doch Peter der Große setzte sich durch.

Auch am chinesischen Kaiserhof konnte man fortschrittliche, westlichen Ideen zugeneigte Beamte von den Hütern der Tra-

dition an der Haartracht unterscheiden. Konservative Beamte trugen Zöpfe. 1912 wurde das Zöpfetragen am kaiserlichen Hof verboten.
Die Redewendung „alte Zöpfe abschneiden“ hat allerdings nichts mit den Chinesen zu tun. Sie geht zurück auf den preußischen Soldatenzopf, der im 18. Jahrhundert vorgeschrieben war, sich aber dann als hinderlich und überflüssig erwies.

Das unglaubliche Lösegeld und der Wortbruch

Das gewaltigste Lösegeld, das jemals für eine Geisel gezahlt wurde, schafften die Untertanen des letzten Inkaherrschers Atahualpa im Jahr 1533 heran. Der spanische Söldnerführer Francisco Pizarro hatte den Herrscher der peruanischen Inkas gefangen genommen und forderte ein unglaubliches Lösegeld: Die Gefängniszelle Atahualpas sollte von oben bis unten mit purem Gold gefüllt werden. Die Inkas gaben ihr Bestes und brachten den Eroberern über 1000 Tonnen Gold. Pizarro jedoch hielt sich nicht an sein Wort und ließ Atahualpa trotzdem umbringen.

Ein Mann, der seinem Namen alle Ehre machte

Als der spätere Zar Iwan der Große im Jahr 1533 den Thron des russischen Großfürsten bestieg, war er gerade drei Jahre alt. Er war der Sohn des Großfürsten Wassilij. Schon zu Lebzeiten wurde Iwan wegen seiner grausamen Herrschaft „der Schreckliche" genannt. Normalerweise verleiht erst die Nachwelt den Herrschern ihre Beinamen.

Ein Mann spricht deutsch und allen stockt der Atem

Als der Philosoph und Universitätsprofessor Christian Thomasius im Jahr 1687 mit seinen Vorlesungen begann, stockte seinen Studenten der Atem: Der Herr Professor sprach deutsch! Bis dahin war die lateinische Sprache die Sprache der Wissenschaft gewesen, und die Kollegen des mutigen Professors wollten von diesem guten alten Brauch nicht lassen. Sie hielten es nicht für nötig, Bildung in der Sprache des „gemeinen Volkes" zu verbreiten. Doch genau dies wollte Thomasius. Seiner Ansicht nach sollten Bildung und Wissenschaft allen Volksschichten offenstehen und nicht nur der kleinen Schar von Gebildeten.
Nach und nach setzte sich Deutsch als Unterrichtssprache an den deutschen Universitäten durch. Als Philosoph war Thomasius ein Vertreter der Aufklärung. Er wollte das Denken vom mittelalterlichen Aberglauben reinigen. So trat Thomasius mutig gegen Hexenverbrennungen und gegen die Anwendung von Folter bei Strafprozessen ein.

Aus den Knochen eines Ochsen: die ältesten dritten Zähne der Welt

Das älteste komplette künstliche Gebiss fand man in einem Grab in der Schweiz. Der Träger lebte im 16. Jahrhundert und hatte falsche Zähne, die aus dem Oberschenkelknochen eines Ochsen hergestellt worden waren. Zusammengehalten wurde die ganze Konstruktion durch Drähte. Warum sich der Gebissträger ausgerechnet für die Knochen eines Ochsen entschieden hatte, konnte nicht geklärt werden.

Einst hatte England einen zweifelhaften Rekord-Titel

Um 1500 konnte England für sich einen recht zweifelhaften Titel reklamieren: Es war das gesetzloseste Land in dieser Zeit. Der venezianische Botschafter am Hof Heinrichs VII. beschrieb die damaligen Zustände wenig schmeichelhaft: „Es gibt kein Land auf der Welt, das so viele Diebe und Räuber besitzt wie England. Nur wenige Leute trauen sich allein auf die Straße, sogar am hellen Tag, und noch weniger Leute wagen es, nachts auszugehen, besonders in London nicht."

Ein Sklave kommt zu Weltruhm

Josiah Henson wurde 1789 auf einer Farm in Maryland (USA) als Sklave geboren. Er war sehr fleißig und arbeitete sich bis zum Aufseher über den Besitz seines Herrn empor. Henson war gebildet und versuchte als Prediger, möglichst viele Schwarze zum christlichen Glauben zu bekehren. Als er hörte, dass er an einen anderen Farmer in den Südstaaten verkauft werden sollte, floh Henson nach Kanada.

Später reiste er dreimal nach England, wo er bewegende Reden gegen die Sklaverei hielt. Der ehemalige Sklave wurde sogar von Königin Victoria empfangen.

Als die Schriftstellerin Harriet Beecher-Stowe von der außergewöhnlichen Lebensgeschichte Hensons erfuhr, führte sie in Boston ein langes Interview mit ihm. Auf der Grundlage dieses ausführlichen Gespräches schrieb sie dann ihren Bestsellerroman „Onkel Toms Hütte", dessen Held, Onkel Tom, niemand anderer als Josiah Henson ist.

St. Moritz: ein Experiment, das sich auszahlte

Noch im vorigen Jahrhundert war Urlaub im Winter etwas völlig Unbekanntes. Ein Hotelbesitzer in St. Moritz war aber davon überzeugt, dass auch ein Urlaub im winterlichen St. Moritz eine feine Sache für Erholungsuchende wäre. Deshalb schlug der findige Unternehmer 1864 vier reichen Engländern eine Wette vor: Sie sollten bei ihm einen Winterurlaub verbringen. Wenn es ihnen nicht gefiele, würde er ihnen das Geld zurückgeben.

Das Experiment zahlte sich aus: Die Engländer waren so begeistert, dass sie von da an jedes Jahr kamen, um hier Winterferien zu machen. Heute ist St. Moritz einer der beliebtesten und berühmtesten Wintersportorte der Welt. Vor allem Prominente verbringen in der nur gut 5000 Einwohner zählenden Schweizer Gemeinde regelmäßig ihren Winterurlaub.

Ein Bankräuber mit Pensionsberechtigung

Um das Jahr 1675 verschaffte sich ein englischer Straßenräuber in der Verkleidung eines Priesters Zugang zur königlichen Schatzkammer. Diese befand sich hoch oben im Tower von London. Nachdem der Gauner einen Wächter überwältigt hatte, füllte er einen ganzen Sack mit wertvollen Schätzen. Darunter befand sich auch die juwelenbesetzte Königskrone. Doch noch bevor der Räuber mit seiner Beute den Tower verlassen konnte, wurde er entdeckt und gefasst.
König Karl II. war jedoch von diesem Husarenstück derart beeindruckt, dass er den Dieb nicht bestrafte, sondern ihn sogar noch belohnte: Er zahlte ihm für den Rest seines Lebens eine jährliche Pension von 300 Pfund!

Zar Wassilij und der Schönheitswettbewerb

Der größte Schönheitswettbewerb aller Zeiten fand im frühen 16. Jahrhundert statt. Damals wählte der russische Zar Wassilij III., der Großfürst von Moskau, aus über 1500 Mädchen seine zukünftige Frau aus. Er entschied sich für eine Tochter aus dem adligen Bojarengeschlecht.

Sokrates, ein Opfer, das Trost spendete

Im Jahre 399 vor Christus stand der berühmte griechische Philosoph Sokrates vor Gericht. Er wurde wegen zweier Vergehen angeklagt: erstens wegen Unfrömmigkeit, weil er die offiziellen griechischen Götter nicht anerkannte. Und zweitens wegen seines angeblich schlechten Einflusses auf die Jugend. Beide Vorwürfe waren aus der Luft gegriffen und dienten lediglich dem einen Zweck, den unangenehmen Kritiker Sokrates loszuwerden. Also wurde der Philosoph mit einer Mehrheit von 60 Stimmen zum Tode durch das Trinken des Schierlingsbechers verurteilt. Seine Freunde wollten ihm zur Flucht verhelfen und hatten diese auch schon vorbereitet. Aber Sokrates lehnte es ab zu fliehen. Vielmehr verbrachte er seine letzten Augenblicke damit, seine Freunde zu trösten, bis ihn der giftige Trank dahinraffte.

700 000 Bücher brannten in Alexandria

Kurz nachdem die Araber im Jahr 642 Alexandria erobert hatten, befahl ihr Kalif, alle Bücher zu verbrennen, die dem Koran widersprachen, und mit ihnen die öffentlichen Bäder zu beheizen. Dabei sollen nicht weniger als 700 000 Bücher verbrannt worden sein. Schon 700 Jahre zuvor war ein Großteil der berühmten Bibliothek bei einem Brand vernichtet worden.

Trauer mit wunderschönen Folgen

Als seine Lieblingsfrau Mumtaz Mahal bei der Geburt ihres 14. Kindes im Jahre 1631 starb, war der Großmogul Shah Jahan sehr traurig. Also wollte er seiner Frau wenigstens die großartigste Grabstätte aller Zeiten errichten lassen. Das bedeutete für 20 000 Menschen 15 Jahre lang schwerste Arbeit. Aber das Ergebnis dieser ungeheuren Anstrengungen konnte sich sehen lassen: der Tadsch Mahal, der bis zum heutigen Tag tatsächlich als das schönste Grab der Welt gilt. Er liegt am Fluss Yamuna in Nordindien. Das imposante Bauwerk befindet sich am Ende einer herrlichen Gartenanlage, die von spiegelnden Wasserbecken und Wegen aus Marmor durchzogen wird. Für sich selbst wollte der Großmogul ebenfalls einen Tadsch Mahal (wörtlich übersetzt: Krone des Ortes) errichten lassen, und zwar aus schwarzem Marmor.
Aber bevor er diesen Plan in die Tat umsetzen konnte, wurde er von seinem Sohn entmachtet. Für die Arbeiter, die dieses zweite Großprojekt hätten verwirklichen müssen, bestimmt kein Grund zur Trauer!

Dieser Appetit war nicht zu sättigen

William Douglas, der Herzog von Queensbury, war gewiss einer der gierigsten Esser im England des 18. Jahrhunderts. „Old Q", wie er von seinen Freunden liebevoll genannt wurde, begann den Tag schon mit zwei ausgiebigen Frühstücken. Das üppige Mittagessen wurde ebenfalls regelmäßig

zweimal eingenommen. Und zwischen fünf Uhr nachmittags und drei Uhr morgens verdrückte „Old Q" jeden Tag fünf Abendessen, die jeweils aus mehreren Gängen bestanden.
Ein berühmter englischer Esser war auch der hoch angesehene Richter John Marriott, der seine Tischorgien während der Regierungszeit von König Jacob I. zelebrierte. In der Schrift „Der große Esser von Grayes Inn oder Das Leben des Mr Marriott, dem Vielfraß" wurde behauptet, dass Marriott einmal ein mehrgängiges Essen verschlungen haben soll, das ursprünglich für 20 Personen vorgesehen war.
Jack Biggers, der ebenfalls im 18. Jahrhundert in England lebte, war tatsächlich nicht als großer Esser, sondern als regelrechter Fresser bekannt und berüchtigt. Seine letzte Mahlzeit bestand aus drei Kilogramm Speck, einem riesengroßen grünen Salat, zwölf Mehlklößen, einem Laib Brot und einer Kiste Bier. Unmittelbar nach diesem Essen erlitt Jack Biggers einen tödlichen Schlaganfall.

Schulferien wegen eines gefährlichen Schädlings

Der Kartoffelkäfer ist der gefährlichste Schädling für die Kartoffelpflanze.
Er wurde 1877 von Amerika nach Europa eingeschleppt und verbreitete sich auch bei uns sehr rasch.
Da es damals noch keine chemischen Spritzmittel gab, mussten die Plagegeister auf andere Weise bekämpft werden. Um die Kartoffelernte zu retten, wurden die Schulkinder vom

Unterricht befreit und zum Kartoffelkäfer-Sammeln geschickt. In manchen Gegenden gab es regelrechte „Kartoffelkäfer-Ferien"!

Philipp der Gute schoss mit der Superkanone

Die weltweit größten Kanonen wurden in der ersten Hälfte des 15. Jahrhunderts gebaut. Damals steckte die Herstellung von Schießpulver noch in den Kinderschuhen, sodass man sich darauf spezialisierte, feindliche Festungsmauern mit riesigen Geschützen zu Fall zu bringen.
Eines der ersten Exemplare dieser Superkanonen wurde 1449 ausgerechnet für Herzog Philipp III. von Burgund hergestellt, der den Beinamen der Gute hatte.
Der gute Philipp verschoss damit Kugeln mit einem Gewicht von über 200 Kilogramm!

Die Tomate begann als Zierpflanze

Die Tomate stammt ursprünglich aus Südamerika und wurde im Jahre 1498 von Christoph Kolumbus mit nach Europa gebracht. Damals betrachtete man diese Pflanze als Kuriosität und schätzte sie vor allem wegen ihres Schmuckeffekts. Ans Essen dachte beim Anblick der Tomate kein Mensch: Man hielt sie für eine äußerst giftige Pflanze.
Erst im vorletzten Jahrhundert entdeckte man, dass diese

Frucht nicht nur schön aussieht, sondern auch gut schmeckt – und keineswegs giftig ist.
Zum ersten Mal auf einem Markt angeboten wurden Tomaten 1812 in New Orleans.

„Dicke Bertha“ war kein Kosename

Mehrere deutsche Waffen im Ersten Weltkrieg trugen den eigenartigen Namen „Dicke Bertha“, so zum Beispiel die großen, kurzläufigen Mörser sowie die gewaltigen Kanonen, die am Ende des Krieges eingesetzt wurden.
Der Grund für diese ungewöhnliche Bezeichnung ist möglicherweise in der auffälligen Ähnlichkeit zwischen den Mörsern und der untersetzten Figur von Bertha Krupp von Bohlen und Halbach zu finden. Bertha hatte das Waffenimperium der Krupps geerbt und wurde so zum naheliegenden Opfer dummer Witze.

John Hetheringtons Kopfbedeckung sorgte für Aufsehen

Als Erfinder des Zylinderhutes (ein hoher, steifer Herrenhut) gilt der Londoner Kurzwarenhändler Hetherington. Doch als er seine Kreation eines Seiden-Zylinders das erste Mal der Öffentlichkeit vorstellte, bekam er gleich Ärger.
Die Zeitung „Times“ vom 15. Januar 1797 berichtete: „John Hetherington hatte seinen Laden gerade verlassen, als seine

ungewöhnliche Kopfbedeckung einen Auflauf verursachte und die Neugier der Gaffer in ein Getümmel umschlug. Hetherington musste vor das Tribunal des Lord Mayor (also vor Gericht), weil er öffentliches Ärgernis erregt hatte.“

Ein Säugling als Bischof

Genau 169 Tage alt war der Herzog von York und Albany, als er zum Bischof von Osnabrück gewählt wurde. Damit war er der jüngste katholische Bischof aller Zeiten. Der jüngste Papst war übrigens Benedikt IX. Man weiß allerdings nicht genau, welches Jahr sein Geburtsjahr ist. Als er im Jahr 1032 sein Amt antrat, war er gerade mal elf oder zwölf, vielleicht aber auch „schon“ 18 Jahre alt.

Ganz Holland war im Tulpenwahn

Eine Tulpe ist heute eine ziemlich gewöhnliche Blume. Das war aber nicht immer so. In den 30er-Jahren des 17. Jahrhunderts gab es in Holland einen regelrechten Tulpenwahn. Tulpenzwiebeln wurden zu geradezu unglaublichen Preisen gehandelt.

Ein Käufer lieferte als Bezahlung für eine einzige Zwiebel unter anderem vier Tonnen Weizen, acht Tonnen Roggen, 500 Kilogramm Käse, 500 Liter Wein und 250 Liter Bier. Unter Reichen wurde es zur Mode, Tulpen zu sammeln. Außerdem brachte der Handel mit diesen Blumen sehr gute

Gewinne. Viele Menschen investierten ihr gesamtes Vermögen in den Ankauf von Tulpen.
Aber der Tulpenwahn endete so plötzlich, wie er begonnen hatte, und viele Tulpenbesitzer blieben auf ihrer Ware sitzen und waren finanziell ruiniert.

Die Schrift, die vom Himmel kam

Die Erfindung der Schrift war eine derartige Sensation, dass viele Völker davon überzeugt waren, sie sei ein Geschenk der Götter. Die Ägypter glaubten zum Beispiel, der Mondgott Thot habe ihnen die Schrift gebracht.
Als Vorläufer der Schrift gilt die Symbolsprache von alten Höhlenzeichnungen. Diese sind etwa 15 000 Jahre alt und wurden unter anderem in Felsenhöhlen in Frankreich entdeckt. Weiterentwickelt wurden diese Schrift-Vorläufer aber erst viel später, um etwa 3000 vor Christus. Damals entstanden im Mittleren Osten Keilschrift, im Nahen Osten Hieroglyphen und im Fernen Osten die chinesischen Ideogramme.

Von Erfindungen und Technik

Der Kran als Waffe

Die ersten Kräne der Menschheitsgeschichte waren Schöpfanlagen an Ziehbrunnen. In mittelalterlichen Kriegen waren Kräne sogar als kuriose Waffen im Einsatz. Mithilfe von Kränen langten die Verteidiger über die Stadtmauern, packten die verblüfften Angreifer mit einer eisernen Kralle und zogen sie zu sich hoch.

Mit einem durch Körperkraft betriebenen Kran (einer Seilwinde oder einem Wagenheber) kann ein Mensch ein Gewicht von einer Tonne in einer Minute etwa 70 Zentimeter hochheben. Das Wort „Kran“ ist übrigens vom altgriechischen Wort für „Kranich“ abgeleitet.

Über diese Brücke musst du gehen – aber niemals im Gleichschritt!

Selbst feste Brücken geraten unter den Schritten von Fußgängern in Schwingung. Das ist kein Problem, solange sich diese Schwingungen nicht aufschaukeln und weiter verstärken. Dadurch können nämlich sogar Stahlbrücken unter dem Gewicht von Fußgängern zusammenbrechen. Deshalb dürfen Soldaten niemals im Gleichschritt über Brücken marschieren, sondern müssen wie normale Fußgänger gehen.

Im Jahr 1850 missachtete ein Bataillon französischer Soldaten diese Regel. Die Eisenbrücke, über die die Soldaten marschierten, begann im Marschrhythmus mitzuschwingen und krachte zusammen. 226 Soldaten fanden dabei den Tod.

Ist die chinesische Schreibmaschine wirklich ein Ungetüm?

Die Schreibmaschine ist ganz bestimmt eine tolle Erfindung, die uns viel Zeit und Mühe erspart – sowohl beim Schreiben als auch beim Lesen. Es gibt allerdings auch Exemplare, die einen verrückt machen können. So zum Beispiel ein chinesisches Modell: Diese Schreibmaschine hat nicht weniger als 5850 Symbole!

Diesem Mann ging mehr als ein Licht auf

Der bis heute erfolgreichste Erfinder war wohl Thomas Alva Edison. Er erfand die erste brauchbare Glühbirne und den Fonografen. Darüber hinaus ließ er innerhalb von 60 Jahren weitere 1000 Erfindungen patentieren.

Steck dein Radio an!

Ein besonders sparsames Radio wurde 1989 in Japan vorgestellt: Es bezieht seine Energie von einer brennenden Kerze. Eingeschaltet wird das Gerät einfach durch das Anzünden der eingebauten Kerze. Diese hat einen abbrennfesten Fiberglasdocht. Ein keramisches Thermoelement wandelt die Hitze der Kerze in elektrische Energie um.

Ein Wunderwerk mit viel heißer Luft

Die kleinste Dampfmaschine der Welt ist so winzig, dass sie spielend in jede Geldbörse passt. Ihre Maße: acht Millimeter lang, sieben Millimeter breit und vier Millimeter hoch.
Gebaut wurde das technische Wunderwerk von einem Wiener Techniker – mit einer Lupe, extrem dünnen Pinzetten und mit unendlich viel Geduld. Die Minimaschine schafft bis zu 8000 Umdrehungen in der Minute.

Wenn allzu sehr die Glocken läuten

Das Geläut mächtiger Kirchenglocken bringt die Luft zum Erzittern.
Unser Ohr kann nur den hörbaren Teil des Schalls wahrnehmen, der von den Glocken ausgesandt wird. Die besonders tiefen Töne entgehen unseren Ohren. Doch die Vibrationen in der Luft sind vorhanden, ob wir sie hören oder nicht. Mit ihrer Wucht können sie winzige Äderchen platzen lassen.
Besonders empfindlich dafür sind die feinen Blutgefäße im Innern der Nase. Durch die Nasenlöcher kann der Schall ungehindert eindringen.
So kommt es immer wieder vor, dass manche Nasen plötzlich zu bluten anfangen, wenn eine wirklich große Kirchenglocke zu läuten beginnt.

Da macht die Reifenpanne Spaß

Wahre Riesen-Räder, genauer Riesen-Reifen hat eine amerikanische Firma für einen überdimensionalen Schuttkipper entwickelt. Die Superreifen haben einen Durchmesser von 3,65 Meter ein Gewicht von 5670 Kilogramm. Mit 4,03 Metern Durchmesser ist ein Reifen der Firma Bridgestone noch etwas größer, dafür aber mit einem Gewicht von 5200 Kilogramm etwas leichter. Zum Einsatz bei Erdbewegungsarbeiten kommt ein Reifen von Michelin mit einem Durchmesser von 4,60 Metern und einem Gewicht von 6000 Kilogramm. Den absoluten Rekord aber hält ein Reifen der Firma Uniroyal. Er hat einen gigantischen Durchmesser von 24 Metern, wurde ursprünglich als Riesenrad für eine Weltausstellung gebaut und steht heute in Detroit.

Ein Strich zum Mond und zurück

Die Grundform des heutigen Kugelschreibers erfand der gebürtige Ungar László József Biró. Ihm kaufte der britische Geschäftsmann Henry George Martin das Patent ab und gründete mit Frederick Miles in England 1944 die erste Kugelschreiberfabrik der Welt, weil er erkannt hatte, dass sich Piloten mit diesem Schreibgerät in allen Lagen Notizen machen konnten. Die Luftwaffe Großbritanniens war tatsächlich der erste Interessent für Kugelschreiber. Martin und Miles lieferten schon im ersten Jahr 30 000 Kugelschreiber an die Royal Air Force.

Später fand man heraus, dass Kugelschreiber auch im normalen Leben nützlich sind. Heute produziert der größte Hersteller täglich viele Millionen Stück; man schätzt, dass in Deutschland täglich eine halbe Million Kugelschreiber verkauft werden. Damit könnte man einen Strich ziehen von der Erde zum Mond und wieder zurück.

Mit dem Surfbrett am Himmel

Skysurfen zählt wahrscheinlich zu den aufregendsten Sportarten der Welt. Man braucht dazu ein Flugzeug, ein Surfbrett und einen Fallschirm. Dann springt der Skysurfer aus dem Flugzeug ab und stellt sich auf sein Surfbrett. Geschickte Surfer können den Luftwiderstand beim freien Fall tatsächlich zum Reiten auf der Luft benutzen. Allerdings nicht lange: Dann wird es Zeit, den Fallschirm zu öffnen und sich auf die Landung vorzubereiten.
Das Surfen auf dem Wasser ist übrigens eine Erfindung der Ureinwohner von Hawaii.

Ein Bumerang, der geradeaus fliegt?

Jahrelang brüteten die Entwicklungsingenieure des amerikanischen Flugzeugherstellers McDonnell über einem ehrgeizigen Plan: Sie wollten den Bumerang verbessern. Diese Waffe der australischen Ureinwohner ist so gebaut, dass sie, wenn sie ihr Ziel verfehlt, zum Werfer zurückkommt.

Die Amerikaner wollten nun einen Bumerang bauen, der geradeaus fliegt, dann umdreht und auf geradem Weg zurückkommt. Sie entwarfen einen Drehflügler, der wie ein Mittelding zwischen fünfarmigem Propeller und einem alten Wagenrad mit Nabe und fünf Speichen aussieht. Wenn das Gerät geworfen wird, drehen sich die Speichen. Die nach unten abgewinkelten Speichenenden wirken wie der Rotor eines Hubschraubers und erzeugen ein Luftkissen, auf dem der Drehflügler dahinsegelt.

Aber wie kommt das Ding nun zurück? Ganz einfach: Sobald die Drehzahl eine gewisse Marke unterschreitet, kippt der Drehflügler auf den Rücken. Er wendet, fliegt die Strecke wieder zurück und dem Werfer geradewegs in die Arme. Der Drehflügler ist etwa so groß wie eine kleine Frisbee-Scheibe und besteht aus leichtem Kunststoff.

Indiana Jones für Blinde

Ein völlig neuartiges Experiment wurde 1990 in Paris veranstaltet: ein Kino für Blinde. Auf dem Programm stand der Spielberg-Film „Indiana Jones und der letzte Kreuzzug". Über Kopfhörer mit Infrarotempfängern wurden den Besuchern Handlung, Szenerie und Kostüme beschrieben.

Der Erfinder dieses Verfahrens heißt August Floyd Coppola. Er ist Dekan der Universität der „Blinden Künste" in San Francisco und Bruder des bekannten Filmregisseurs Francis Ford Coppola. Inzwischen gibt es in Amerika bereits 15 Filme mit akustischen Untertiteln für Blinde.

Durchblick dank Regenschirm

Ein neuartiger Regenschirm schützt nicht nur vor Regen, sondern dient auch der Orientierung bei Nacht und Nebel: Eine fest installierte Lampe sorgt für den nötigen Durchblick. Außerdem beschützt dieser Leuchtregenschirm seinen Besitzer dadurch, dass er von Autofahrern rechtzeitig gesehen wird. Die Idee zu diesem Sicherheitsschirm stammt von einem Kalifornier.

Ein aufgewecktes Ei

Einen krähenden Ei-Wecker hatte eine englische Firma pünktlich zu Ostern 1989 im Angebot. Zunächst weckt dieser Wecker in Eiform mit dem Schnattern von Küken. Wenn das nichts hilft, folgt nach einiger Zeit der Lockruf einer Henne. Zuletzt ertönt das ohrenbetäubende Krähen eines Hahnes, das auch den müdesten Zeitgenossen aus dem Bett scheucht.

Der eiserne Bildhauer mit dem unbestechlichen Blick

Einen Bildhauer-Roboter stellte 1988 eine japanische Firma vor. Zunächst wird ein Modell der Bildhauerarbeit angefertigt. Dieses wird dann von zwölf Kameras aus verschiedenen Blickwinkeln aufgenommen. Die Daten der Kameras werden von einem Computer in Befehle an den Bildhauer-Roboter umgewandelt. Dieser schneidet dann innerhalb von zwei Stunden die gewünschte Skulptur aus einem Kunststoffblock heraus.

So wird Komponieren zum Kinderspiel

Ein Computer erledigt das aufwendige Notenschreiben beim Komponieren. Der „Komponist" braucht die ausgedachte Melodie nur ins Mikrofon zu summen, den Rest erledigt der Spezialcomputer: Am Bildschirm erscheinen sofort die entsprechenden Noten. Bei Bedarf werden die Noten auch ausgedruckt. So wird das Komponieren zum Kinderspiel.

Auf Tastendruck schlank

Für Leute, die sich beim Fotografieren immer viel zu dick abgelichtet fühlen, gibt es nun eine passende Kamera mit „Slimming-Funktion". Nach der Aufnahme genügt ein Druck auf die Slimming-Taste, und der oder die Porträtierte sieht um mindestens zehn Pfund leichter aus!

2,5 Millionen Euro für die Hosentasche

Den Preis von umgerechnet 2,5 Millionen Euro musste man bereits 1989 für die komplizierteste Taschenuhr der Welt zahlen. Sie wurde von der Schweizer Firma Patek Philippe hergestellt. Insgesamt wurden nur vier Exemplare dieser Uhr mit 24 Zeigern und 33 Funktionen der Zeitmessung hergestellt. Dazu zählen Sternzeit, Osterdatum und Schaltjahrausgleich. Der Schaltjahrausgleich ist besonders wichtig: Nach dem Gregorianischen Kalender fallen nämlich in den Jahren 2100, 2200 und 2300 die Schalttage aus. Darüber sollte man natürlich rechtzeitig informiert sein. Die Uhr besteht aus 18-karätigem Gold, hat 1728 Einzelteile und wiegt 1,1 Kilogramm.

Mit dem Flugzeug durch den Tunnel

Geradezu unvorstellbar sind die Pläne japanischer Verkehrsexperten, die mit gewaltigen Tunneln die ständig überlastete Flugstrecke zwischen den Städten Tokio und Osaka entlasten wollen. Weil der Luftraum durch die vielen Flugzeuge verstopft ist, sollen in Zukunft Flugzeuge unter der Erde fliegen. Man denkt an den Bau von hohen Tunneln, in denen Propellermaschinen mit gestutzten Flügeln dahinschießen sollen. Die Tunnelflieger werden sich an eine Höhe von gerade einem Meter halten. Ein elektronisches Leitsystem soll dafür sorgen, dass sie keinen Meter vom Kurs abkommen.
Sicherheitsbedenken hat man keine. Im Tunnel gibt es ja keine Seiten- und Fallwinde. Ein anderer Plan sieht vor, die Fluggäste an den Flughäfen, die oft weit außerhalb der Städte liegen, erst gar nicht aussteigen zu lassen. Die Flugzeuge sollen vielmehr mit 80 Kilometern pro Stunde durch Tunnel vom Flughafen direkt in die Stadtzentren rollen. Dort könnten die Passagiere wie im Bahnhof aussteigen.

Schreiben, tasten, lesen

Ein Spezialfüllfederhalter für Blinde wurde im Jahr 1989 in Frankreich entwickelt. Der Stift schreibt mit einer Tinte, deren Mikropartikel beim Kontakt mit Wärme anschwellen. Dadurch kann das Geschriebene mit dem Finger, der ja Wärme ausstrahlt, ertastet werden.

Hier klappt der Einkauf einfach automatisch

Das erste vollautomatische Geschäft der Welt wurde 1989 in Minneapolis (USA) eröffnet. Es handelt sich um einen Laden, in dem Compact Discs (CDs) verkauft werden. Die einzigen Menschen in diesem Geschäft sind die Kunden.
Die ganze Arbeit erledigt ein freundlicher Roboter: Er nimmt die Kundenwünsche entgegen, sucht und bringt die Ware, gibt das Wechselgeld heraus und füllt regelmäßig und zuverlässig die Regale wieder auf. Damit niemand auf die Idee kommt, den freundlichen Verkäufer aus Eisen zu beseitigen, arbeitet er sicherheitshalber hinter einer bruchsicheren Plexiglaswand.

Ein Liegestuhl auf zwei Rädern

Das unglaublichste Fahrrad der Welt hat sich der Amerikaner Steven K. Roberts für umgerechnet 370 000 Euro gebaut. Der Name des 250 Kilogramm schweren Rades: Behemoth.

Das ist der Name eines biblischen Monsters, zugleich aber auch die Abkürzung von „Big Electronic Human-Energized Machine – Only Too Heavy". Auf deutsch: „Große elektronische menschenbetriebene Maschine – bloß zu schwer".
Der Behemoth-Fahrer liegt in einer Art Liegestuhl, strampelt mit vorgestreckten Beinen und lenkt mit den seitlich angebrachten Steuerknüppeln, in die eine spezielle Computertastatur eingebaut ist. Sie hat nur acht Tasten, aber durch die Kombination verschiedener Tasten kann der Fahrer zugleich lenken und tippen. Der dazugehörige Rechner sitzt, von einer eiförmigen, glasfaserverstärkten Schnauze verhüllt, über dem Vorderrad. Der Radler kann während des Fahrens Briefe schreiben und mittels eingebautem Telefaxgerät Briefe empfangen. Er kann über Mobilfunk telefonieren und sich durch Funkverbindung mit Satelliten seinen Standort auf der Erdoberfläche auf 100 Meter genau bestimmen lassen. Die Informationen erscheinen auf einem kleinen Computermonitor, der im Helm eingebaut ist. Der Strom kommt aus einer Solaranlage. Seit einigen Jahren ist Steven Roberts so unterwegs und hat dabei schon 25 000 Kilometer zurückgelegt. Gerast wird dabei freilich nicht. 250 Kilogramm wollen erst einmal bewegt werden. Doch auch vor Gebirgspässen hat Roberts keine Angst. Sein Rad hat 105 Gänge.

Die Botschaft des Lichts

Mithilfe von Licht, das durch Glasfaserkabel strömt, lassen sich ungeheure Mengen von Informationen in digitaler (elektronisch verschlüsselter) Form übertragen; tausendmal mehr als in Kabeln, die Strom führen. Pro Sekunde kann ein Glasfaserkabel mit seinen Leiterbahnen 25 000 Millionen Informationseinheiten (Bits) übertragen. Ein Bit definiert eine Eins oder Null, acht Bits legen bei der Übertragung von Text einen Buchstaben fest. Bei dieser Geschwindigkeit kann pro Sekunde der Text dieses Buches 5000 Mal vom Sender zum Empfänger geschickt werden. Bei der Übertragung durch Lichtfasern werden elektrische Signale zunächst in Lichtimpulse verwandelt, durch die Glasfaser geschickt und dann wieder in Stromsignale zurückverwandelt.

Bitte bremsen, Herr Pilot!

Die britisch-französische Concorde war bis zu ihrem letzten Flug am 26. November 2003 vom Londoner Flughafen Heathrow direkt zum Luftfahrtmuseum in Filton das einzige Passagierflugzeug, das im Normalflug schneller als der Schall flog. Die Concorde hat eine Spitzengeschwindigkeit von 2300 Kilometer pro Stunde erreicht. Von London nach New York konnte sie in drei Stunden fliegen.

Manchmal musste der Pilot allerdings die Geschwindigkeit drosseln, dann nämlich, wenn die Sonne besonders aktiv war und bei ihren Ausbrüchen gewaltige Energien verschleuderte. Die radioaktive Strahlung der Sonne erhöhte sich bei diesen Ausbrüchen so stark, dass sie für die Passagiere einer in 13 oder 14 Kilometer Höhe fliegenden Concorde gefährlich werden konnte. Daher musste der Pilot tiefer in die Luftschicht zurücktauchen, die dann einen Teil der Radioaktivität abfing. Und wenn die Concorde tiefer flog, musste sie, wegen des höheren Luftwiderstandes in tieferen Luftschichten, auch ihre Geschwindigkeit vermindern.

Ein kühler Kopf am Steuer zahlt sich immer aus

Ein kühler Kopf hält wach. Das ist ganz wörtlich gemeint. Wenn die Körpertemperatur abgesenkt wird, zirkuliert das Blut schneller. Wenn nun mehr Blut das Gehirn durchströmt, wird mehr Sauerstoff herangeschafft und man bleibt länger wach. Wichtig ist das vor allem bei langen Autofahrten.
Japanische Wissenschaftler haben nun herausgefunden, dass es schon reicht, die Temperatur bestimmter Körperteile, am besten die Kopftemperatur, abzusenken, um den Menschen wach und aufmerksam zu halten. Sie haben ein Stirnband entwickelt, das die Stirn des Fahrers auf zwölf Grad Celsius abkühlt. Dabei liegt eine kleine Aluminiumplatte auf der Stirn und leitet die Wärme ab. Die Platte wird mithilfe eines winzigen Kühlaggregates gekühlt. Der Strom dafür kommt aus dem Zigarettenanzünder des Autos.

Die Puppe mit dem besonderen Blick

Im Kopf mancher Schaufensterpuppe in den USA verbirgt sich neuerdings eine Videokamera. Das ist die neueste Waffe

der Warenhausdetektive gegen Ladendiebe. Das Objektiv der Kamera wird dabei als das Auge der Puppe getarnt. Die Fernsehbilder werden in den Kontrollraum übertragen, wo der Detektiv, mit den Augen der Kleiderpuppe, die Kundschaft beobachten kann.
Ein Kunde kann nicht erkennen, ob aus den Augen tatsächlich eine Überwachungskamera herauslinst oder ob es sich um eine normale Puppe handelt. Kleiderpuppen lassen sich überall aufstellen, ohne dass sich ehrliche Käufer so überwacht fühlen wie durch Videokameras, die an der Decke montiert sind.

Mit dem Fahrrad durch die Lüfte

Der Traum des Griechen Dädalus, aus eigener Kraft durch die Luft zu segeln, hat sich erfüllt. Heute können wir uns mit reiner Muskelkraft in die Luft erheben, allerdings anders, als es sich der antike Sagenheld vorgestellt hatte: nicht mit an die Arme gebundenen Flügeln, sondern durch kräftiges Treten in die Pedale eines superleichten Fluggerätes, wodurch ein Propeller angetrieben wird.
Voraussetzung für die Entwicklung muskelgetriebener Leichtflieger war die Entwicklung von superleichten, stabilen Werkstoffen und genaueste Kenntnis der Aerodynamik. 1988 setzte sich der Grieche Kanellos Kanellopulos in sein Fluggerät (Spannweite: 34 Meter) und flog von Kreta auf die 119 Kilometer entfernte Insel Santorin. Dabei betrug seine Durchschnittsgeschwindigkeit etwa 30 Kilometer pro Stunde. Den

Geschwindigkeitsrekord hält der Münchner Holger Rochelt. Mit seinem sechs Meter langen, von Flügelspitze zu Flügelspitze 19,5 Meter messenden, jedoch nur 25 Kilogramm wiegenden Flieger „Musculair 2" erreichte er eine Geschwindigkeit von 44 Kilometer pro Stunde.
Allerdings wird das Pedalflugzeug nie ein Massenverkehrsflugzeug wie das Fahrrad sein. Nur austrainierte Sportler bringen die erforderliche Kraft auf die Pedale. Denn der Luftwiderstand eines Flugrades ist viel höher als der eines Fahrrades.

Wetterbericht aus der Hosentasche

Eine Wetterstation für die Hosentasche hat vor einigen Jahren eine Augsburger Firma vorgestellt: Ein handliches Kleingerät misst höhenunabhängig den Luftdruck und erstellt daraus eine Wettervorhersage für die nächsten 36 Stunden. Ein Pfeil zeigt die Tendenz der Wetterentwicklung an.

Was ist ein Rasen-Auto?

Kein rasendes Auto, sondern ein Rasen-Auto nennt ein Amerikaner sein eigen. Er hat 1986 ein System entwickelt, um seinen Straßenkreuzer mit grünem Rasen zu bedecken. Nachteil: Die Pflege dieses Autos ist ziemlich zeitaufwendig.

Die heißen Motorschuhe

Ein 71-jähriger Amerikaner montierte auf seine Rollschuhe kurzerhand eine alte Motor-Kettensäge und ersetzte das Sägeblatt durch einen Riemen. Dieser treibt die Vorderräder des Rollschuhs an.
Mit einem Drahtkabel wird die Drehzahl des Motors und damit die Geschwindigkeit reguliert. Höchstgeschwindigkeit dieser Motorschuhe: 50 Kilometer pro Stunde.

Fliegendes Auto?

Um die Transportprobleme zwischen den Flughäfen und den großen Städten zu lösen, wurde 1988 in Frankreich ein neuartiges Flugzeug entwickelt: Es kann 1000 Kilometer weit fliegen und hat eine Reisegeschwindigkeit von 250 Kilometer pro Stunde. Nach der Landung kann dieses Flugzeug innerhalb von fünf Minuten in ein zweisitziges Auto umgebaut werden.

Gut zu Fuß

Einen elektronischen Kilometerzähler für Fußgänger ließ sich 1987 ein Franzose patentieren. In einer abnehmbaren Schuhsohle befindet sich ein Zähler, der mit einem elektronischen Taschenrechner verbunden ist. Eine Sofortanzeige informiert den Fußgänger jederzeit über die zurückgelegte Strecke.

Ein Blatt Papier, das Licht verschluckt

Ein kopiersicheres Papier hat eine kanadische Firma entwickelt. Dabei werden die Blätter, die vor dem Kopieren geschützt werden sollen, mit einer Spezialbeschichtung versehen. Diese absorbiert („verschluckt") das Licht. Wer den Text auf einem so behandelten Papier kopieren will, erhält statt einer Kopie ein weißes Blatt.

Dieser Schreibtisch sorgt für gutes Arbeitsklima

Einen Schreibtisch mit eingebauter Klimaanlage hat eine japanische Firma seit 1989 im Angebot. Auf der Rückseite des Tisches ist eine Kühlanlage eingebaut, die für ein erfrischendes Klima sorgt. Im Winter kann das Gerät auch als Heizanlage verwendet werden.

Keine Chance für falsche Unterschriften

Das Feststellen der Echtheit von Unterschriften ist oft eine schwierige und langwierige Sache. Da hilft jetzt ein neues „Unterschriften-Analysegerät": Es identifiziert Unterschriften nach den typischen Schriftmerkmalen jedes Menschen. So kann in Sekundenschnelle die Echtheit einer Unterschrift zuverlässig festgestellt werden. Vor allem Banken haben sich diese neue Errungenschaft zunutze gemacht.

Eine Aktentasche mit schrillen Tönen

In Amerika wurde ein wirksamer Diebstahlschutz für Aktentaschen entwickelt. Sobald jemand die Tasche weiter als drei Meter von ihrem Eigentümer entfernt, ertönt ein schriller Alarmton. Der Eigentümer muss lediglich einen Sensor in der Größe eines Hemdknopfes bei sich tragen, der dauernd die Entfernung zur Tasche registriert.

Ein Auto, das sprechen kann

Im Jahr 1982 wurde im Pariser Autosalon ein besonderer Wagen vorgestellt. Das Repertoire dieses „sprechenden" Autos umfasste insgesamt neun von einer Frauenstimme gesprochene Anweisungen an den Fahrer. Zum Beispiel den Befehl zur Vollbremsung bei rasant abfallendem Öldruck. Inzwischen ist man aber von diesen „sprechenden" Fahrzeugen wieder abgekommen, da sie von den Autofahrern, aus welchen Gründen auch immer, nicht akzeptiert wurden.

Das hörende Auto

Martine Kempf erfand 1981 ein System, mit dem Behinderte ihr Auto mit der Stimme führen können. Auf das Wort „Hupe" hupt das Fahrzeug, auf den Befehl „Nach links!" betätigt es den linken Blinker. Bislang wurden allerdings nur wenige solcher „hörenden" Autos gebaut.

Eine sprechende Waage

Die erste „sprechende“ Waage wurde 1984 in Hongkong gebaut. Sie ist für Leute gedacht, die sich nicht bücken können, um die Skala abzulesen. Diese Waage sagt ihrem Benutzer in englischer Sprache auch, ob er leichter oder schwerer ist als am Tag zuvor.

Da zittert die Windschutzscheibe: Scheibenwischer ohne Wischerblätter

Eine japanische Firma hat sich 1988 einen Scheibenwischer ohne Wischerblätter patentieren lassen. Die neuartige Konstruktion basiert auf der Wellenphysik: Regen und Schnee werden durch Ultraschallwellen von der Windschutzscheibe entfernt. Und das funktioniert so: Am oberen und unteren Windschutzscheibenrand sind Oszillatoren angebracht, die Schwingungen im Ultraschallbereich erzeugen. Diese Vibrationen reißen den Wasserfilm auf der Scheibe auf und schleudern ihn weg.

Ein Trick aus dem alten China: die beheizten Handschuhe

Ein uraltes chinesisches Verfahren zur Beheizung von Winterkleidung nutzte der Franzose Bernard Giraudon für seine 1984 vorgestellten beheizten Fausthandschuhe: Verschiedene mineralische und pflanzliche Pulver erzeugen Hitze, wenn man sie miteinander vermischt. Füllt man diese Pulver in eine Tasche in den Handschuhen, so geben sie bis zu 24 Stunden lang Wärme ab.

Dieses Haus pendelt alle Stürme aus

Ein riesiges Pendel soll in Japan ein Hochhaus gegen Schwankungen durch Höhenwinde schützen. Das Pendel soll jeweils in die Gegenrichtung des Windes schwingen und so das Gebäude im Gleichgewicht halten. Eingebaut ist dieses gigantische Pendel (Gewicht: 90 Tonnen) direkt unter der Decke des 37-stöckigen Crystal Towers in der japanischen Stadt Osaka. Als Gegengewicht des Pendels dienen sechs Wassertanks (Gewicht: ebenfalls 90 Tonnen). Bei Windgeschwindigkeiten bis zu 72 Kilometer pro Stunde soll die Pendel-Anlage die Schwingungen des Gebäudes um die Hälfte verringern. Das bedeutet: In 157 Meter Höhe schwankt das Haus „nur" noch um 20 Zentimeter. Die Erfinder der Pendel-Konstruktion erwarten, dass ihre Anlage auch Schwankungen, die durch Erdbeben verursacht werden, verringern kann.

Ein Auto im Koffer

Die Idee eines zusammenfaltbaren Autos hat schon viele Erfinder fasziniert. 1990 stellte der Franzose Jacques Calvel ein solches Fahrzeug vor. Es wird von einem Mopedmotor angetrieben und erreicht eine Geschwindigkeit von 30 Kilometer pro Stunde. Zusammengelegt und verpackt ist es 1,75 Meter lang, 1,10 Meter breit, 40 Zentimeter hoch und wiegt 60 Kilogramm.

Munter mit der singenden Zahnbürste

Gute Unterhaltung beim Zähneputzen garantiert eine neue Erfindung aus der Schweiz: eine Zahnbürste, die zwölf verschiedene Melodien spielt. Ein Knopfdruck genügt, um die Zahnbürste erklingen zu lassen. Die Melodien dieser „singenden" Zahnbürste wechseln mit der Tageszeit. So können die Eltern kontrollieren, ob sich ihr Kind die Zähne geputzt hat.

Die Duft-Illustrierte

Durch ein modernes Verfahren ist es möglich, winzige Mengen von Parfüm auf Papier aufzutragen. Wenn man einen kleinen Papierstreifen über dem Parfüm abreißt, werden die Wohlgerüche freigesetzt. Seit 1990 wird diese Technik für die Parfümwerbung in Illustrierten verwendet.

Dieses Haus denkt mit

Ein „denkendes" Haus wurde jetzt in Japan vorgestellt: Es überwacht das Badewasser, bereitet das Essen zu, verschließt

Türen, beheizt Räume und schaltet das Licht an. Ermöglicht wird all dies durch eine spezielle Computersteuerung. Weltweit führend bei der Einrichtung „intelligenter Häuser" sind allerdings die Franzosen: Etwa die Hälfte der bisher errichteten Anlagen dieser Art stammt aus Frankreich.

Venedigs Staumauer – zum Aufblasen

Aufblasbare Staumauern sollen Venedig vor den ständig wiederkehrenden Überschwemmungen schützen. Der erste dieser beweglichen Schutzwälle wurde 1988 eingeweiht. 70 bis 80 weitere Sperren dieser Art sollen noch errichtet werden. Die neuartigen Staumauern werden an den Kanaleingängen installiert und gleichen dem Maul eines riesigen Krokodils. Sie sollen verhindern, dass bei starkem Seegang zu viel Wasser in den Kanal einströmt und die Stadt überflutet. Bei normalem Seegang werden die aufblasbaren „Krokodile" unter der Wasseroberfläche „geparkt".

Durchblick auf Knopfdruck?

Durchblick bzw. Durchsicht auf Knopfdruck ermöglicht die verblüffende Erfindung einer belgischen Firma: Durch einfaches Knopfdrücken verwandelt sich eine undurchsichtige Milchglasscheibe blitzartig in eine ganz normale, durchsichtige Glasscheibe. Bei nochmaligem Knopfdruck wird die Scheibe wieder undurchsichtig. Ermöglicht wird dies durch einen Flüssigkristallfilm. Bei elektrischer Aktivierung richten sich die Kristalle so aus, dass die Scheibe durchsichtig wird. Wenn sich die Kristalle im Ruhezustand befinden, verwandeln sie die Scheibe in einen beidseitigen Spiegel.

Ein Telefonanruf vor der Geburt?

Das „Pregafon" ist ein Spezialtelefon für die „Unterhaltung" der Mutter mit ihrem ungeborenen Kind. Das „Pregafon" besteht aus einem Apparat, in den die Mutter hineinspricht, und einem Hörer, der auf dem Bauch der Mutter ruht. So kann sich die Mutter bereits vor der Geburt mit ihrem Kind „unterhalten". Embryos sollen nämlich ab dem sechsten Schwangerschaftsmonat in der Lage sein, Stimmen und Töne zu erkennen. Viele Frauen nutzen so die beruhigende Wirkung ihrer Stimme für ihr Kind.
Heute weiß man allerdings, dass die Kommunikation mit dem Embryo nicht über die Bauchdecke funktioniert. Die Schwingungen werden vom Kehlkopf über die Wirbelsäule als eine Art Knochenleitung an das Becken übertragen und erreichen so den Fötus.

Der Apfel mit dem Computer-Hirn

Einen Computer-Apfel haben 1988 Wissenschaftler der Universität Michigan (USA) vorgestellt. Er dient dazu, den Ursachen von Schäden beim Obsttransport auf die Spur zu

kommen. Dieser patentierte künstliche Apfel hat einen Durchmesser von etwa neun Zentimetern, besitzt eine harte Schale und enthält einen kleinen batteriebetriebenen Computer. Dieser misst die Stärke von Bewegungen und Stößen beim Verpacken und Transportieren. Er „merkt" sich genau, wann sie stattfinden.
Nach Beendigung seiner Reise mit den echten Äpfeln werden die Daten des Computer-Apfels ausgewertet. Auf diese Weise kann man die Schwachstellen beim Verpacken und Transportieren des Obstes genau feststellen und somit in Zukunft vermeiden.

Ein intelligentes Hüftgelenk

1986 stellten Berliner Wissenschaftler eine Weltneuheit vor: ein künstliches Hüftgelenk, in dem Messfühler und ein Minisender eingebaut sind. So können alle gemessenen Werte sofort drahtlos an einen Computer übermittelt werden. Die Auswertung dieser Daten ermöglicht dann Rückschlüsse auf die Eignung und Haltbarkeit des Materials, aus dem das künstliche Hüftgelenk hergestellt wurde. Auf diese Weise können die Prothesen dann gezielt verbessert werden.
Darüber hinaus gewinnt man mit dieser Methode erstmals direkte Informationen über die momentane Belastung des Hüftgelenks.
So könnten in Zukunft Prothesen gebaut werden, die den Träger bei Überlastungen sofort über Funk zum Hinsetzen und Ausruhen auffordern.

Im Stadtkern von Florenz: das Radarsystem für Blinde

Das erste elektronische Leitsystem für Blinde wurde in Italien entwickelt. Mithilfe von Radarsignalen, die von kleinen Sendern ausgestrahlt werden, kann sich der Blinde selbstständig orientieren. 1990 wurde das neuartige System im Stadtkern von Florenz vorgeführt. In Zukunft könnten in das Signalnetz auch wichtige Orientierungspunkte wie Telefonzellen und Bushaltestellen einbezogen werden.

Dieses Messer ist ein Hit

Ein Schweizer Taschenmesser ist das Messer, das die meisten Klingen besitzt: Es verfügt über nicht weniger als 306 verschiedene Werkzeuge und Funktionen. Da gibt es kaum etwas, wofür dieses vielseitige Gerät nicht das passende Messer hätte.
Probleme kann es allerdings damit geben, das gerade benötigte Werkzeug zu finden. Bei so vielen Klingen verliert man leicht die Übersicht.

Völlig losgelöst: Urlaub im Weltraum

Bis zum Jahr 2017 will das japanische Unternehmen Shimizu das erste Weltraumhotel fertigstellen. Das neuartige Freizeitparadies soll die Erde auf einer nahen Umlaufbahn umkrei-

sen. Die einzelnen Bauten werden um eine rohrförmige Achse angeordnet sein.
Zur Erzeugung der irdischen Schwerkraft soll sich die gesamte 140 Meter breite Konstruktion dreimal in der Minute um sich selbst drehen.

Dieser Zeiger ist der größte

Eine Riesenuhr steht in Jersey (USA). Das Zifferblatt hat einen Durchmesser von über 15 Metern, und der große Zeiger macht seinem Namen wirklich Ehre: Er ist etwa acht Meter lang.

Klein, aber ganz Ohr

Das kleinste Mikrofon der Welt ist genau 5 Kubikmillimeter groß. Dänischen Forschern gelang es, ein solches Minimikrofon auf einem Siliziumchip herzustellen. Es ist zehnmal kleiner als bislang verfügbare Minimikrofone.

Ein neues System für garantiert saubere Töne

Eine amerikanische Spezialfirma entwickelte ein völlig neuartiges Verfahren zum „Reinigen" von Tonaufnahmen. Mit dieser Methode können aus alten Schallplatten Grundgeräusche und sonstige akustische Störungen herausgefiltert wer-

den. So vermitteln wertvolle historische Aufnahmen, wie zum Beispiel die Originaleinspielung des „Bolero" unter Maurice Ravel, auf denen der „Zahn der Zeit" schon deutliche Spuren hinterlassen hat, wieder ein ganz ungetrübtes und originales Hörerlebnis.
Da „NoNoise" aber mit einem hoch komplizierten Computerprogramm arbeitet (ungefähr 53 Millionen Operationen in der Sekunde), ist dieses Verfahren heute noch sehr teuer.

Wer wäscht den Himmel?

Der „Skywasher" ist ein Roboter zum Fensterputzen auf Hochhäusern. Dieser 1987 in Chicago (USA) entwickelte Spezialroboter ist eine „Kreuzung" aus Riesenspinne und Krake. Große Saugnäpfe sorgen dafür, dass der Blech-Fensterputzer bei seinen Klettertouren an der Gebäudefassade haften bleibt und nicht abstürzt. Der „Skywasher" ist mit Fensterwischern und einem kompletten Wasserspülsystem ausgestattet. Er kann sowohl waagrecht als auch senkrecht klettern und dabei sogar kleine Hindernisse, wie zum Beispiel Fenstersimse, überwinden.

Bitte verschlucken: das kleine Fieberthermometer

Üblicherweise ist es nicht ratsam, ein Thermometer zu verschlucken. Etwas anderes ist es bei dem Thermometer, das

von Wissenschaftlern einer amerikanischen Universität entwickelt wurde.
Dieses zwei Zentimeter lange Gerät wird vom Patienten verschluckt, damit man die Innentemperatur des Körpers messen kann. Das Minithermometer ist batteriebetrieben und gibt die gemessenen Temperaturen an einen Monitor außerhalb des Körpers weiter. Der besondere Vorteil dieser neuen Messmethode ist ihre Genauigkeit.

Noch ein Thermometer – diesmal in Farbe

Eine sensationelle Erfindung, die 1989 in den USA gemacht wurde, ist das Bandthermometer. Es besteht aus einem papierdicken, 15 Zentimeter langen Band und ist biegbar. Die Temperatur wird durch hitzeempfindliche Flüssigkristalle auf einer Farbskala angezeigt. Zum Fiebermessen muss das Band nur für 15 Sekunden auf die Stirn gepresst werden.
Weitere Vorteile, die dieses Gerät gegenüber einem herkömmlichen Fieberthermometer hat: Es vermindert die Ansteckungsgefahr und ist unzerbrechlich.

Eine Wäscheklammer mit Erleuchtung

Eine geniale Erfindung machte 1990 ein elfjähriger Schüler in Frankreich: eine blinkende Wäscheklammer. Bestandteil seiner praktischen Haushaltshilfe sind eine Wäscheklammer, zwei Drahtstücke, eine Taschenlampenbatterie, eine Glühbirne und ein elektrischer Widerstand. Solange die Wäsche noch feucht ist, wird der Strom durch den Widerstand gebremst. Sobald die Wäsche trocken ist, kann der Strom bis zur Glühbirne gelangen und diese beginnt zu blinken.

Das Live-Konzert in der guten Stube

Mit dem Live-Musik-Simulator einer japanischen Firma kann jede beliebige Musik mit Live-Atmosphäre untermischt werden. Zu dieser kleinen Kompakt-Stereoanlage gehören unter anderem ein Radio, ein Kassettenrekorder, ein Digitalverstärker sowie ein Minicomputer, der zwölf verschiedene Geräuschteppiche speichern kann. Mit diesem ausgefallenen Gerät kann man sich im Wohnzimmer Konzertatmosphäre schaffen.

Der Organist mit der eisernen Hand

Die Eröffnungshymne bei der Expo 1985 wurde von einem Organisten ganz besonderer Art gespielt: von einem Roboter. Dieser Roboterorganist kann die Tasten und Pedale einer Elektronikorgel mit großer Geschicklichkeit bedienen. Mithilfe eines elektronischen Auges (bestehend aus einer Videokamera) entschlüsselt er eine Partiturseite innerhalb von 30 Sekunden. Das Repertoire dieses eisernen Musikers ist vielseitig: Es reicht von Bach bis zu den Beatles.

Die Polizisten von Bahrain haben einen coolen Hut

Ein Physikprofessor im Emirat Bahrain hat einen Hut mit Klimaanlage entwickelt. Mithilfe von Sonnenenergie wird ein Ventilator im Hut betrieben. Derzeit wird dieser Spezialhut von Polizisten des Emirats getestet.

Marilyn Monroe lebt!

1983 baute ein Japaner einen Marilyn-Monroe-Roboter. Dieser sieht genauso aus wie sein berühmtes Vorbild und bewegt sich auch exakt so. Doch das ist noch nicht alles: „Marilyn" singt auch das Lied „River Of No Return" und spielt dazu Gitarre. Ein Computer koordiniert Stimme und Körperbewegungen.

Nur Fliegen ist schöner!?

Ein Simulator ist ein Gerät, mit dem künstlich Bedingungen hergestellt werden können, wie sie in der Wirklichkeit bestehen. So werden in einem Flugsimulator zum Beispiel die Verhältnisse in einem fliegenden Flugzeug nachgeahmt. Mit einem solchen Flugsimulator trainiert die Lufthansa ihre Piloten für den Einsatz in den hochmodernen Jumbos.

Zwar ist so ein Simulator mit einem Preis von 17 Millionen Euro nicht eben billig, aber die Anschaffung macht sich dennoch bezahlt: Eine Flugstunde im Simulator kostet weniger als zwei Prozent einer echten Flugstunde. Denn die ist mit 20 000 Euro doch ziemlich kostspielig!

Ohrensausen im 60. Stock

Heftiges Ohrensausen verursacht der Expressfahrstuhl, der in einem Hochhaus in Tokio eingebaut ist: Dieser Fahrstuhl erreicht eine Geschwindigkeit von fast 37 Kilometer pro Stunde bei seiner rasenden Fahrt durch die 60 Stockwerke.

Ein Auto auf dem Holzweg

Bisher waren Metall und Kunststoff die wichtigsten Materialien beim Automobilbau. Nun haben die Konstrukteure auch das Holz als Baustoff entdeckt: So stellte ein Franzose sein Modell „African" vor. Karosserie und Chassis dieses Autos bestehen fast vollständig aus Holz. Bestimmt ist dieses Fahrzeug, wie schon der Name vermuten lässt, vor allem für den afrikanischen Markt.

Ob Schiene oder Asphalt, der Pannenhelfer, er kommt bald

Endlich gibt es ein Fahrzeug, mit dem man sowohl auf Straßen als auch auf Schienen fahren kann. Bei dem praktischen

Gefährt handelt es sich um ein Pannenfahrzeug einer englischen Firma. Auf der Straße erzielt der kombinierte Pannenhelfer eine Geschwindigkeit von 100 Kilometer pro Stunde, auf den Schienen schafft er immerhin noch gute 60 Kilometer pro Stunde.

Die Taschenkamera für den modernen Riesen

Als nicht sonderlich praktisch für den Normalverbraucher erweist sich der größte Fotoapparat der Welt. Es ist eine Sofortbildkamera mit dem stolzen Gewicht von 90 Kilogramm. Dafür haben die Fotos, die man mit dieser Riesenkamera schießt, ein Format von 50 mal 60 Zentimetern.

Hier sieht man das gesprochene Wort

Ein Telefon für Menschen, die nichts hören können, gibt es tatsächlich. Es wurde von zwei Amerikanern entwickelt. Das Gerät mit dem Namen „Echo 2000" wird ans Telefon angeschlossen und besitzt einen Flüssigkristall-Schirm. Auf diesem kleinen Bildschirm werden die gesprochenen Worte in Schriftform wiedergegeben.

Vom Jumbo in den Jumbo: der Flughafen-Doppelstockbus

1981 wurde der größte Serienbus, der je gebaut wurde, vorgestellt. Es handelt sich um einen Flughafen-Doppelstockbus, der in Stuttgart produziert wurde. Der Riesenbus ist 15 Meter lang, 4,5 Meter breit und 4,5 Meter hoch. Eine hydraulische Spezial-Anlegebrücke hilft beim Ein- und Aussteigen. Zugelassen ist das technische Wunderwerk für 340 Personen. Das entspricht der Zahl eines vollbesetzten Jumbojets.
Noch länger war mit 18 Metern ein Bus, der 1975 als Spezialanfertigung auf der Automobilausstellung in Frankfurt vorgestellt wurde: Er war allerdings nur 2,5 Meter breit.

Ein flotter Spruch – und schon steht die Telefonverbindung

Wem das Wählen der Telefonnummer mittels Wählscheibe oder Tasten schon immer auf die Nerven ging, dem kann jetzt geholfen werden: In Amerika wurde ein Telefon entwickelt, bei dem man die Nummer des gewünschten Teilnehmers nur laut aussprechen muss – schon ist man verbunden.

Kontaktlinsen für den Müll

Die ersten Wegwerf-Kontaktlinsen wurden 1989 vorgestellt. Sie werden eine Woche lang ununterbrochen getragen und dann durch neue ersetzt. Inzwischen gibt es auch Tages- und Monatslinsen. Der Vorteil dieser Linsen: Es kommt nicht zu Ablagerungen wie bei normalen Kontaktlinsen.

Auch bei Plattfuß noch mit 80 Sachen

Die Sicherheit ihres Präsidenten lassen sich die Amerikaner etwas kosten: Sie bauen ihm das teuerste Auto der Welt. So bekam George W. Bush jr. zu seiner zweiten Amtseinführung den neuesten Wagen von Cadillac. Die Staatskarosse ist über sechs Meter lang. Die Details der Sicherheitsvorkehrungen sind allerdings „top secret". Der Hersteller musste sich gegenüber dem US-Geheimdienst verpflichten, keinerlei Angaben zu veröffentlichen. Sie werden aber enorm sein.
Von einem Präsidenten-Auto, das 1968 ausgeliefert wurde, weiß man, dass es bei einer Gesamtlänge von 6,56 Metern einen Radstand von 4,06 Metern und ein Gewicht von etwa 5,5 Tonnen hatte. Bedenkt man, dass allein die zusätzlichen Panzerplatten über zwei Tonnen wogen, war dieses Präsidentenfahrzeug eigentlich gar nicht so übermäßig schwer. Die Gesamtkosten für Forschung, Entwicklung und Herstellung betrugen umgerechnet mehr als eine Million Euro. Allerdings wurde das Auto von der amerikanischen Regierung nicht gekauft, sondern nur gemietet. Für den Ernstfall war mit diesem Auto vorgesorgt: Selbst wenn alle vier Reifen gleichzeitig zerschossen worden wären, hätte die Präsidentenlimousine noch mit 80 Kilometer pro Stunde auf Stahlscheiben mit Gummieinfassung weiterfahren können.

Wenn die NASA Lärm schlägt

Das stärkste Geräusch, das je in einem Labor erzeugt wurde, entsprach einer Lautstärke von 210 Dezibel. Dieser Lärmrekord wurde 1965 von der amerikanischen Luft- und Raumfahrtbehörde NASA aufgestellt. Mit einer solchen Lärmenergie ist es möglich, in feste Körper Löcher zu bohren. Zu registrieren war der Riesenkrach auch noch in einer Entfernung von 160 Kilometern.

Im Kinoland der Düfte

In einem französischen Kino konnte man erstmals 1989 Filme auch riechen. Beim Taucherfilm „Im Rausch der Tiefe" erfüllte zum Beispiel gleich am Anfang ein intensiver Meeresgeruch den ganzen Kinosaal. Dabei handelte es sich um Jodgeruch, der durch feines Zerstäuben einer entsprechenden Flüssigkeit erzeugt wurde.
Inzwischen bietet eine Firma, die sich auf Duftfilme spezialisiert hat, etwa 2000 verschiedene Düfte an – unter anderem auch den Duft eines wild gewordenen Büffels.

Ein gewichtiger Unterschied!

Die exakteste Waage der Welt haben Forscher der Universität Illmenau entwickelt.
Sie kann Gewichtsunterschiede von 0,000 000 000 01 Gramm

messen. Das ist etwa ein Sechzigtausendstel des Gewichts, das die Druckerschwärze des Punktes am Ende dieses Satzes hat.

Ein bombensicheres Gefährt mit Riesendurst

Das schwerste serienmäßig produzierte Auto war ein sowjetisches Modell, nämlich die SIL-Limousine. Jährlich wurden etwa vier bis fünf dieser drei Tonnen schweren Gefährte hergestellt.
Die gestreckte Version dieses Autos, wie sie zum Beispiel vom damaligen Präsidenten Gorbatschow benutzt wurde, ist aus drei Zoll dickem Panzerstahl gefertigt, was sich auch im Gewicht bemerkbar macht: Sechs Tonnen wiegt dieses Ungetüm auf vier Rädern. Der Benzinverbrauch beträgt auf 100 Kilometer etwa 40 Liter.

Ein Fernmeldeturm als Zeitmesser

Seit 1982 zeigt die sogenannte Licht-Zeit-Skulptur auf dem Düsseldorfer Fernmeldeturm die Zeit an. Es handelt sich hierbei um die wohl größte und genaueste Normaluhr der Welt. Auf einer Länge von 100 Metern wird die Ortszeit mit Dezimalzahlen für Stunden, Minuten und Sekunden angegeben. Die jeweiligen Zahlen werden mittels 62 Licht-Bullaugen gebildet.

Die ganze Sache hat nur einen Haken: Es heißt, dass man mindestens fünf Minuten braucht, um die Zeit von der Riesenanzeige ablesen zu können.

Ein Ausreißer erfand einen Revolver

Der berühmte Colt aus dem amerikanischen Westen wurde nach seinem Erfinder Samuel Colt benannt. Colt lebte von 1814 bis 1862. Im Alter von sechzehn Jahren hatte Colt genug von zu Hause. Er riss aus und fuhr zur See. An Bord eines Schiffes schnitzte er das Holzmodell seines späteren berühmten Revolvers. Nach dieser Vorlage ließ er dann die echte Waffe bauen und 1836 patentieren. Ab 1855 wurde der Revolver serienmäßig hergestellt und Colt so zu einem der reichsten Männer Amerikas.

Aus Wissenschaft und Forschung

Die Flüssigkeit, die nicht mehr tropft

Dünnflüssige Wandfarben lassen sich gut auftragen, tropfen aber nach. Dicke Wandfarben tropfen nicht, lassen sich aber schlecht streichen oder rollen. Dieses Problem kennt, wer schon einmal versucht hat, Wände zu streichen, ohne zu patzen. Am schönsten wäre natürlich eine Anstrichfarbe, die genau dann dünnflüssig ist, wenn man sie aufträgt, und an der Wand sofort wieder dick und zäh wird.
Und genauso funktionieren tropffreie Farben. Ihr Geheimnis: Sie sind im Farbtopf dick, werden aber unter Druck dünnflüssig. Dazu reicht schon der Druck des Pinsels oder der Walze. Sobald der Druck nachlässt, also die Walze oder der Pinsel entfernt wird, wird die Farbe wieder zäh und kann keine Tropfen mehr bilden. Die Chemiker nennen solche Stoffe „thixotrop". Bei ihnen verändert sich unter Druck der Aufbau der Moleküle. Thixotrope Stoffe kommen auch in der Natur vor. Honig zum Beispiel wird unter Druck flüssig.

Wachstum im Zeitraffer

In den ersten sechs Monaten ihres Lebens wachsen kleine Kinder unglaublich schnell. Sie werden in dieser Zeit um etwa 15 Zentimeter größer. Zum Vergleich: Zwischen dem achten und zwölften Lebensjahr, also innerhalb von vier Jahren, wachsen Kinder nur etwa 17 Zentimeter.

Die 600 Millionen Bewohner des Menschen

Auf der Haut und im Körper eines Menschen lebt etwa eine Billiarde Mikroorganismen. Die meisten davon sind Bakterien, die weiter keinen Schaden anrichten. Allein auf einem Quadratzentimeter der Haut leben 100 bis 10 000 Bakterien. Auch den Speichel und den Verdauungstrakt bewohnen unzählige Bakterien, die nicht nur unschädlich, sondern für eine funktionierende Verdauung sogar sehr nützlich sind. Außerdem ist unser Körper innen wie außen mit Pilzen, winzigen Milben und Viren besiedelt, die einem gesunden Menschen nichts anhaben können. Manche Viren, die wir ständig im Körper tragen, haben nur dann unangenehme Auswirkungen, wenn unser Abwehrsystem geschwächt ist.

Schnee, so weit das Auge reicht

Die ergiebigsten Schneefälle gibt es nicht in den Polargebieten und auch nicht im Hochgebirge, sondern dort, wo kalte Luftmassen mit warmer, extrem feuchter Luft zusammenstoßen. Genau das geschieht beispielsweise immer wieder in den höher gelegenen Regionen Kaliforniens.

Auf dem Mount Shasta wurde ein unglaublicher Rekord gemessen: Nach einem einzigen Schneesturm lag der Schnee 4,80 Meter hoch. Ebenfalls an der amerikanischen Westküste, nämlich im Bundesstaat Washington, fielen zwischen dem 19. Februar 1971 und dem 19. Februar 1972, also innerhalb eines Jahres, 31 Meter Schnee.

Die größten Schneekatastrophen der Geschichte gab es allerdings schon vor etwa 10 000 Jahren. Auch damals, am Ende der Eiszeit, war es kein Kälteeinbruch, sondern ein Anstieg der Temperaturen, der das Bild Europas veränderte. Die Gletscher schmolzen ab, die Luftfeuchtigkeit nahm sprunghaft zu und Mitteleuropa versank unter noch nie da gewesenen Schneemassen. Mammuts, Wollnashörner und Wisente, die zuvor die kalten, mit einer dünnen Schneedecke bedeckten Steppen bevölkert hatten, kamen an das Gras nicht mehr heran. Sie blieben im Schnee stecken und starben an Hunger und Entkräftung.

Spareffekt mit Limit

Durch ein Tempolimit auf Autobahnen könnte der Benzinverbrauch in Deutschland um jährlich 780 Millionen Liter gesenkt werden: Das ist eine Kolonne von 200 Tanklastzügen. Zusätzliche 400 Tankwagen könnten Autofahrer einsparen, würden sie rechtzeitig den zur Fahrgeschwindigkeit passenden Gang einschalten und nicht mit röhrenden Motoren durch die Gegend brausen.

Es ist gelüftet. Das Geheimnis der Löcher im Käse!

Das große Geheimnis, wie die Löcher in den Emmentaler Käse kommen, ist gelüftet: Es sind keine Käsereiarbeiter mit

Bohrern am Werk, sondern winzige Bakterien. Beim Reifungsprozess produzieren die im Käse lebenden Bakterien Gase, die sich zu Blasen sammeln und den Käse auftreiben.

Überdruck im menschlichen Hirn

In einer ruhig gelagerten Sektflasche herrschen etwa fünf bar Überdruck. Wenn man sie schüttelt, steigt der Druck und schließlich knallt der Korken aus der Flasche. Es ist allerdings nicht der Sekt, der knallt, sondern es sind die unter Hochdruck stehenden Gase, die sich beim Schütteln aus dem Sekt lösen.
Flüssigkeiten selbst sind nicht elastisch. Man kann sie zwar unter Druck setzen, sie lassen sich aber nicht wie Luft zusammenpressen. Autoreifen haben normalerweise nur etwa zwei bar, die Hochdruckreifen von Rennrädern bis zu zehn bar. Leichter Überdruck herrscht übrigens auch im menschlichen Hirn: Im Inneren des Schädels ist der Druck um ein Fünfzigstel höher als außerhalb des Kopfes.

Das Hirn hat einen Riesenverbrauch

Unser Gehirn macht nur etwa drei Prozent unseres Körpergewichts aus. Dennoch braucht es nicht weniger als 20 Prozent des Sauerstoffs, den wir beim Atmen aufnehmen. Von den mit der Nahrung aufgenommenen Nährstoffen benötigt das Gehirn ebenfalls rund 20 Prozent.

Die Löcher im Meer

Nicht weniger als 71 Prozent der Erdoberfläche sind von Meerwasser bedeckt. Die tiefste Stelle im Meer liegt im Pazifischen Ozean. Sie befindet sich 11 034 Meter unter dem Meeresspiegel. Würde man hier eine Stahlkugel mit einem Gewicht von einem halben Kilogramm ins Wasser werfen, so käme sie erst nach über einer Stunde am Meeresboden an.
Der Meeresspiegel erweckt übrigens nur den Anschein, eben zu sein. In Wirklichkeit hat er bis zu 100 Meter große Hügel und Senken.

Nur ein matter Abglanz – der Regenbogen der Nacht

Man muss schon sehr scharf hinsehen, um in der Nacht einen Regenbogen zu entdecken. Voraussetzung sind Vollmond und Regen. Genau wie das Sonnenlicht wird auch das Mondlicht von den Wassertröpfchen in seine farbigen Bestandteile zerlegt. Was im hellen Sonnenlicht als prächtiger, farbiger Regenbogen am Himmel erscheint, ist bei Mondlicht bestenfalls ein schwach schimmernder Bogen.

Ein edles Gas

Als das teuerste Gas der Welt gilt das Argon-Isotop 38. Das ist eine Abart des in der Natur vorkommenden Edelgases Argon.

In Argon kommt Argon 38 zu 0,06 Prozent vor. Man braucht die kostbare Substanz, um Geräte zu eichen, mit denen das Alter von Stoffen, zum Beispiel von Fossilien, bestimmt werden kann. Ein Gramm Argon 38 kostet sieben Millionen Euro und kann bei einer Schweizer Firma bestellt werden.
Ebenfalls nur in winzigen Mengen wird das Element Californium 252 hergestellt; ein zehntausendstel Gramm kostet etwa 500 Euro; ein Gramm also fünf Millionen.

Die Tierwelt im Wassertropfen

Ein unglaublicher Anblick bot sich dem niederländischen Physiker Antoine van Leeuwenhoek, als er vor mehr als 300 Jahren einen Blick durch sein Mikroskop auf einen Wassertropfen warf: Da wimmelte es offensichtlich von Lebewesen! Niemand hatte sich vor ihm vorstellen können, dass es so kleine Tierchen geben konnte, die mit bloßem Auge nicht zu sehen waren. Der Niederländer war der erste Mensch, der Glaslinsen so fein schleifen konnte, dass unter dem Objektiv Lebewesen sichtbar wurden.
Die größten Bakterien sind etwa ein zehntel Millimeter groß. Sie kommen in riesiger Anzahl und in den verschiedensten Arten vor.
Einige Arten bringen organische Stoffe zum Faulen oder rufen bei Menschen und Tieren Krankheiten hervor. Andere Bakterien helfen bei der Verdauung im Darm.

Klugheit schützt vor Sturheit nicht

Simon Newcomb (1835 bis 1909) zählte zu den hervorragendsten Astronomen seiner Zeit. Seine Forschungsergebnisse über die Bewegung von Himmelskörpern zeichnen sich durch eine außerordentliche Präzision aus.

Aber um die Jahrhundertwende verfasste Newcomb eine Reihe von Artikeln, in denen er eine absolut unhaltbare Behauptung aufstellte: Er schrieb, dass sich Maschinen, die schwerer als Luft sind, niemals vom Boden würden erheben können. Newcomb war felsenfest davon überzeugt, dass es völlig ausgeschlossen sei, jemals fliegende Fahrzeuge bauen zu können.

Er beharrte auf seiner Auffassung sogar dann noch, als die Brüder Wright bereits ihre ersten erfolgreichen Flugversuche unternommen hatten!

Glutrote Dracula-Augen

Farbige Kontaktlinsen bieten modebewussten Kunden viele Möglichkeiten: Endlich kann die Augenfarbe passend zum neuen Anzug oder Kostüm gewählt werden. Auch gibt es originelle Sonderanfertigungen, zum Beispiel vertikal geschlitzte Pupillen oder glutrote Dracula-Augen.

Der Spinat, die Gesundheit und der Kommafehler

Spinat gilt vor allem deshalb als so gesund, weil er sehr viel Eisen enthalten soll. In Wirklichkeit beruht die hohe Wertschätzung für dieses Nahrungsmittel auf einem Fehler: Gegen Ende des 19. Jahrhunderts hatten Ernährungswissenschaftler bei ihren Berechnungen das Komma versehentlich an die falsche Stelle gesetzt und so dem Spinat den zehnfachen Eisengehalt zugeschrieben.
Heute weiß man, dass Spinat als Eisenquelle nicht mehr oder weniger wertvoll ist als anderes frisches Gemüse auch – eine gute Nachricht für viele Kinder!

Forschung in der Badewanne

Der berühmte griechische Mathematiker Archimedes entdeckte das sogenannte „archimedische Prinzip" im Liegen, genauer, als er in der Badewanne lag. Dabei handelt es sich um ein physikalisches Gesetz, demzufolge sich das Gewicht eines Körpers in einer Flüssigkeit genau um den Teil vermindert, der dem Volumen der verdrängten Flüssigkeit entspricht.
Archimedes war über seine Entdeckung so außer sich, dass er aus der Wanne sprang und splitternackt auf die Straße lief. Hier rief er immer wieder: „Heureka! – Ich hab's gefunden!"

Dieses Wasser ist versalzen

Im Meerwasser sind unglaubliche Mengen von Salz aufgelöst. Wollte man alles Salz aus dem Wasser holen und über Land verteilen, dann würde eine 150 Meter dicke Salzschicht das Festland bedecken. Der durchschnittliche Salzgehalt von Meerwasser beträgt drei Prozent. Das salzigste Meer ist das Tote Meer, dessen Wasser zu fast einem Drittel aus Salz besteht.

Weil Salzwasser besser trägt als Süßwasser, schwimmt man im Meer leichter als in Seen. Im Toten Meer kann man überhaupt nicht untergehen. Die salzhaltigsten Gewässer der Erde liegen in polnischen Salzbergwerken. In diesen Teichen tief in der Erde kann man auch baden. Doch wehe, man verschluckt sich an der Salzlake!

Die erste chemische Reinigung war ein Glücksfall

Die erste chemische Reinigung wurde im Jahre 1855 von dem Franzosen Jolly Belin in Paris eröffnet. Belin hatte durch Zufall das Trockenreinigungsprinzip entdeckt: Nachdem ein Hausmädchen versehentlich eine Flasche Terpentinessenz auf ein Tischtuch geschüttet hatte, stellte er zu seinem Erstaunen fest, dass die Flüssigkeit nicht nur keinen Fleck erzeugt hatte, sondern dass im Gegenteil der Stoff sogar gereinigt worden war.

Wer Augen hat zu sehen und Zähne zu hören

Ein wenig kann jeder Mensch auch mit den Zähnen hören. Unsere Zähne reagieren auf Vibrationen empfindlicher als jeder andere Körperteil. Vielleicht werden gehörlose Menschen in Zukunft wieder Töne wahrnehmen können – mit ihren Zähnen.

An der Universität von Kalifornien wird eine Hörhilfe entwickelt, die Schallwellen verstärkt und an die Zähne weiterleitet. Dass so etwas grundsätzlich möglich ist, hat der Komponist Ludwig van Beethoven vorgeführt. Er war in seinen letzten Lebensjahren stocktaub. Um überhaupt noch etwas zu hören, setzte er sich ans Klavier, biss in einen hölzernen Trommelschlegel, drückte ihn fest gegen das Klavier und spielte. Über den Resonanzkasten des Klaviers, das Holz des Schlegels und das Gebiss nahm Beethoven zumindest tiefe Töne dumpf wahr.

Der Druck, der auf uns lastet

Wenn ein Mensch seine Zähne mit aller Kraft zusammenbeißt, bringt er es auf ungefähr 100 bar Überdruck. Sein Biss ist 100 Mal so stark wie der Druck der Luft, der auf uns lastet. Normalerweise kauen wir mit 10 bar Zahndruck.

An den tiefsten Stellen des Meeres drückt das Wasser mit über 1000 bar. Der stärkste Dauerdruck, der von Menschen jemals technisch erzeugt werden konnte, betrug fünf Millionen bar.

Die Pyramiden von Giseh und ihr kleiner Konstruktionsfehler

Die ägyptischen Pyramiden sind rechnerische und technische Meisterleistungen. Die Cheopspyramide ist die größte Pyramide der Welt. Sie besteht aus über zwei Millionen Steinblöcken, die jeweils eine halbe Tonne wiegen. Die Geografen, Astronomen und Mathematiker des alten Ägypten waren überaus genaue Leute. Ihre Berechnungen beim Pyramidenbau waren alle ganz korrekt. Nur bei der Ausrichtung der Pyramiden von Giseh hatten sich scheinbar Fehler eingeschlichen. Die Achse dieser Bauwerke weicht um ein fünfzehntel Grad von der Nordrichtung ab.

Aber war das wirklich ein Fehler? Weshalb sollten sich die Architekten hier – und nur hier – geirrt haben? Möglicherweise lagen die Pyramiden zur Zeit ihres Baus tatsächlich völlig richtig. Vielleicht haben Kontinentaldrift und starke Erdbeben das ganze Land und damit auch die Pyramiden mittlerweile um ein Stück verrückt.

Der Traum des Chemikers

Die Molekül-Struktur des Benzols (chemische Formel: C_6H_6) gehörte zu den ältesten Rätseln der organischen Chemie. Auch der Chemiker August Kekulé (1829–1896) hatte sich schon lange – erfolglos – mit diesem Problem herumgeschlagen. Eines Nachts träumte der Forscher von einer Schlange, die sich selbst in den Schwanz biss.

Am nächsten Morgen fiel es ihm wie Schuppen von den Augen: Die Eigenschaften des Benzols müssen in einer Ringstruktur des Moleküls begründet sein. So hatte Kekulé ein grundlegendes wissenschaftliches Problem buchstäblich im Traum gelöst.

Die Hamsterratte und das größte Archiv der Welt

Das größte Archiv der Welt umfasst mehrere Millionen Schriftstücke und befindet sich auf dem Gelände der kalifornischen Stanford-Universität. Angelegt wurde das Archiv von Herbert Hoover, einem ehemaligen Präsidenten der USA. Für seine Sammelleidenschaft erhielt der Expräsident einen angemessenen Titel: „größte Hamsterratte aller Zeiten".

Vor lauter Wissen fehlt oft der Durchblick

Das Wissen des Menschen wächst immer schneller und verdoppelt sich in immer kürzeren Abständen. So dauerte es im Jahre 1800 noch 100 Jahre, bis sich das damalige menschliche Wissen verdoppelt hatte, im Jahre 1900 dauerte es nur noch 50 Jahre. Und in den Jahren zwischen 1950 und 1960 sowie zwischen 1960 und 1969 kam es jeweils noch einmal zur Verdoppelung des Wissens.

Aufgrund dieser Entwicklung wird es stets schwieriger, den ganzen Wissensberg noch zu überblicken. In immer mehr Bereichen haben nicht einmal mehr die Experten eine Übersicht über ihr Spezialgebiet. So kommt es, dass wir immer mehr Fachleute brauchen, die unser Wissen nicht mehr anwenden, sondern nur noch verwalten. Ihre Aufgabe besteht ausschließlich darin zu wissen, wo das Wissen gespeichert ist und wie wir es abrufen können.

Ein Schwarzes Loch, so schwer wie zehn Sonnen

Als Schwarzes Loch bezeichnet man eine Erscheinung im Sternensystem, die erst in den letzten Jahrzehnten entdeckt wurde: Ein Stern kann in sich zusammenbrechen. Dabei kommt es zu einer extremen Verdichtung von Masse.
In der sogenannten großen Magellanschen Wolke gibt es ein Schwarzes Loch, bei dem die gewaltige Masse von ungefähr zehn Sonnen auf einen Durchmesser von nur 5,9 Kilometern zusammengepresst ist.

Die Beatles: auch im Weltraum ein Begriff

Die Bekanntheit der vier Beatles aus Liverpool ist jetzt wirklich grenzenlos: Zwei amerikanische Astronomen (Himmelsforscher) haben vier kleine Planeten, die sie entdeckt haben, nach den Mitgliedern der berühmten Band benannt. John Lennon, Paul McCartney, George Harrison und Ringo Starr sind nun also auch im Weltraum ein Begriff.

Die Bakterien des Jupiter

Die Wissenschaftler der amerikanischen Raumfahrtbehörde NASA halten es für möglich, dass auf dem Planeten Jupiter tatsächlich Leben existiert – allerdings nur in Form von winzigen Bakterien. Ein neu entdecktes Bakterium kann unter den chemischen Bedingungen des Jupiters überleben, und Untersuchungen des vom Jupiter ausgestrahlten Lichtes legen die Vermutung nahe, dass solche Bakterien dort oben in Massen vorkommen.

Einsteins Manuskript – ab in den Papierkorb

Eines der wertvollsten Manuskripte der Wissenschaftsgeschichte stammt aus dem Papierkorb Albert Einsteins. Aus unbekannten Gründen landeten dort einige Blätter, auf denen der geniale Physiker seine Gedanken handschriftlich zu Papier gebracht hatte. Die Rarität von unschätzbarem Wert konnte gerade noch rechtzeitig vor der Müllabfuhr gerettet werden.

Der Intelligenztest für Tote

Die amerikanische Psychologin Dr. Catherine Morris ist davon überzeugt, dass man auch nachträglich feststellen kann, welchen Intelligenzquotienten jemand gehabt hat, der vor der Erfindung von Intelligenztests gelebt hat. Die Forscherin

untersuchte Berichte über die Jugend berühmter Persönlichkeiten. Vor allem ging es ihr darum herauszufinden, wie klug sich diese Menschen damals in bestimmten Situationen verhalten haben. Auf diese Weise errechnete Dr. Morris rückwirkend die Intelligenzquotienten bedeutender Persönlichkeiten. Demnach war Goethe einer der intelligentesten Menschen in der europäischen Geschichte. Intelligenzquotient: 185. Übertroffen wird er lediglich vom englischen Philosophen John Stuart Mill mit einem Intelligenzquotienten von 190.
Hier noch einige Werte weiterer Geistesgrößen der Vergangenheit: Voltaire 170, Mozart und Lord Byron 150, Einstein 140. Kopernikus, der immerhin ein ganzes Weltbild revolutioniert hat, brachte es hingegen nur auf magere 105 Punkte. Der durchschnittliche Deutsche hat derzeit einen Intelligenzquotienten von 100.

Einsteins Genie und die Hirnströme

Das Gehirn von Albert Einstein, einem der größten Genies der Menschheit, war um kein Gramm schwerer und unterschied sich auch sonst kaum von einem Durchschnittshirn. Das Geheimnis der Genialität muss anderswo liegen; aber wo, das wissen die Forscher heute immer noch nicht. Daran haben auch die Untersuchungen des Hirngewebes nichts geändert, die Mediziner nach Albert Einsteins Tod am 18. April 1955 vornahmen.
Der geniale Physiker, Begründer der Relativitätstheorie, hatte sich auch schon zu Lebzeiten auf seine Genialität hin unter-

suchen lassen. Durch eine Untersuchung der elektrischen Ströme, die im Kopf des Nobelpreisträgers flossen, wenn er über komplizierte Probleme nachdachte, wollte man herausfinden, was geniales Denken vom normalen Denken unterscheidet. Man fand aber keinen messbaren Unterschied.
Einstein selbst hatte eine andere Erklärung für seine Fähigkeit, über Raum, Zeit und ihre Zusammenhänge nachzudenken. Er sagte: „Ich habe keine außergewöhnliche Begabung, ich bin nur etwas skeptischer und vielleicht auch etwas neugieriger als andere Leute. Der normale Erwachsene denkt nicht über Raum-Zeit-Probleme nach. Alles, was darüber nachzudenken ist, hat er seiner Meinung nach bereits in der frühen Kindheit getan. Ich dagegen habe mich derart langsam entwickelt, dass ich erst anfing, mich über Raum und Zeit zu wundern, als ich bereits erwachsen war. Naturgemäß bin ich dabei etwas tiefer in die Problematik eingedrungen als ein gewöhnliches Kind."

Ohne Hummeln kein Klee

Auch bei Blumen gibt es zwei Geschlechter. Zur Fortpflanzung ist die Bestäubung der Blüten durch Wind oder durch Insekten, zum Beispiel durch Bienen, erforderlich. Als der Biologe Joseph Gottlieb Kölreuter im Jahr 1761 seine Arbeit über die Bestäubung vorlegte, wollte ihm niemand glauben. Man hielt seine Theorie für ein Hirngespinst.
Bis in das 19. Jahrhundert hinein stritten sich Pflanzenkundler um das Geheimnis der Vermehrung von Blumen.

Dass sich manche Pflanzen überhaupt nicht vermehren können, wenn bestimmte Insekten nicht vorhanden sind, erfuhren zu ihrem Leidwesen die ersten Siedler in Australien. Sie hatten Rotklee als Futterpflanze für Rinder und Schafe eingeführt, doch der Klee produzierte keinen Samen. In Australien gab es nämlich keine Hummeln. Also brachte man Hummeln nach Australien und seither wächst dort Klee.

Tödliche Selbstversuche mit Gelbfieber

Schon im Jahr 1880 behauptete ein kubanischer Arzt, dass die Tropenkrankheit Gelbfieber von Moskitos übertragen werde, doch der seltsame Dr. Findlay wurde ausgelacht. Allerdings hatte niemand eine bessere Theorie anzubieten. So entschlossen sich 20 Jahre später Ärzte der US-Armee, diese Idee noch einmal zu überprüfen. Und weil sie so verrückt klang, verzichtete die Gelbfieber-Kommission auf Versuchstiere, sondern stellte sich selbst als Versuchskaninchen zur Verfügung. Die Freiwilligen ließen sich in Gelbfiebergebieten von Moskitos stechen. Ein Mann der Gruppe starb an Gelbfieber, und die anderen wurden ernsthaft krank. So wurde der Beweis für Dr. Findlays Theorie erbracht.

Liebe – eine Geisteskrankheit?

Einer der berühmtesten Ärzte des Mittelalters war der persische Arzt Avicenna. Er lebte von 980 bis 1037 n. Chr. In

Europa waren zu seiner Zeit nur Bader und Kurpfuscher am Werk, die mit zweifelhaften Methoden den Krankheiten zu Leibe rückten. Avicenna dagegen hielt nichts von Aberglauben, sondern forderte, die Medizin müsse sich als Wissenschaft auf sorgfältige Beobachtungen stützen und daraus logische Schlüsse ziehen. Er hinterließ 156 wichtige Werke über Medizin und Philosophie. Seine Erkenntnisse drangen nur über Umwege nach Europa. Im christlichen Abendland hielt man nichts von „heidnischer Wissenschaft".
Eine der merkwürdigsten Auffassungen Avicennas wird sich jedoch wahrscheinlich niemals durchsetzen: Er hielt die Verliebtheit für eine Krankheit des Gehirns.

Der Mensch stammt doch vom Affen ab!?

Bis vor etwa 100 Jahren war man im christlichen Abendland fest davon überzeugt, dass die Menschen eine ganz besondere Art von Lebewesen seien und mit den Tieren nicht das Geringste zu tun hätten. Der Mensch galt als Krone der Schöpfung. Deshalb erhob sich ein Sturm der Entrüstung, als der englische Biologe Charles Darwin 1859 sein Werk über den Ursprung der Arten veröffentlichte, in dem er die enge Verwandtschaft zwischen Menschen und Tieren behauptete. Nach Darwin stammen Menschen und Menschenaffen von denselben Vorfahren ab. Damit widersprach Darwin der Bibel, nach der Gott den Menschen so geschaffen hatte, wie er heute ist. Viele empfanden Darwins Auffassungen als Gotteslästerung.

Auch Charles Darwin selbst, der ein durchaus gläubiger Christ war, litt schwer darunter, dass seine Erkenntnisse im Widerspruch zum christlichen Glauben standen. Viele Jahre lang scheute er davor zurück, seine Werke zu veröffentlichen. Erst als er erfuhr, dass ein Konkurrent ähnliche Gedanken entwickelt hatte, entschloss er sich, seine Manuskripte drucken zu lassen.

Wie kommen Pferde auf das Dach der Welt?

Lange Zeit rätselten Forscher herum, wie es denn kommen konnte, dass man auf dem Dach der Welt, in der lebensfeindlichen Höhe von 5000 Metern Seehöhe, die fossilen Reste von Wildpferden finden konnte. Pferde vertragen keine großen Höhen. Was trieb sie in diese Gegend im Himalaja? Die Erklärung ist recht einfach: Nicht die Pferde sind ins Gebirge ausgewandert, sondern das Gebirge hat sich in den vergangenen paar Millionen Jahren um einige 1000 Meter gehoben. Vor vier Millionen Jahren lagen die Fundorte der Pferdeknochen noch in einer für Pferde günstigen Klimazone.

Nach Berechnungen der Geologen wächst das Himalajamassiv heute noch um einen Zentimeter pro Jahr. In 100 Jahren wird der Mount Everest nicht 8848, sondern 8849 Meter hoch sein. Allerdings sind genaue langfristige Messungen schwierig. Man hat schon 1999 eine Höhe von 8850 Metern gemessen, aber die Kontinentalverschiebung sorgt für Schwankungen, die den Berg jedes Jahr um bis zu sechs Zentimeter nach oben oder unten bewegt.

Die kalte Kernfusion war schließlich keine heiße Sensation

Monatelang hielt die wissenschaftliche Welt den Atem an. Im Jahr 1989 behaupteten die beiden Chemiker Martin Fleischman (USA) und Stanley Pons (Großbritannien), sie hätten einen Weg entdeckt, auf einfachstem Weg Atomkerne zu verschmelzen und daraus Energie zu gewinnen. Sie nannten diesen Vorgang „kalte Kernfusion".

Damit wollten sie den Vorgang nachspielen, der unter unvorstellbarer Hitze und Druck im Inneren der Sonne abläuft und bei dem Atomkerne miteinander verschmelzen. Dabei werden ungeheure Energiemengen frei, die wir auf der Erde als Licht und Wärme spüren. Und das alles sollte im Labor funktionieren, bei Zimmertemperaturen und mit dem Strom aus einer Autobatterie? Hätte das wirklich funktioniert, dann wäre dies, wie Experten sagten, die bedeutendste Erfindung seit Nutzbarmachung des Feuers gewesen.

Dutzende Wissenschaftler in aller Welt machten die Experimente nach; manche bestanden darauf, zu denselben Ergebnissen gekommen zu sein wie Fleischman und Pons, andere aber hielten die ganze Angelegenheit für eine Seifenblase. Und die Kritiker behielten Recht. Die Sensation stellte sich als der bedeutendste Flop der modernen Wissenschaftsgeschichte heraus. Erst nach Monaten fand man die Fehler in der Versuchsanordnung heraus, und der Traum von der sicheren, einfachen und unerschöpflichen Energiequelle zerplatzte.

Die Erde ist ein Planet ohne Namen

Ein einziger Planet unseres Sonnensystems hat keinen richtigen Namen: unsere Erde. Alle anderen Planeten (Merkur, Venus, Mars, Jupiter, Uranus, Saturn, Neptun und Pluto, wobei Pluto nach einem Beschluss der Internationalen Astronomischen Union am 24. August 2006 nicht mehr zu den Planeten gezählt wird) sind nach Gestalten der griechischen und römischen Sagenwelt benannt. Der Grund dafür ist sehr einfach. In den Zeiten, in denen die Planeten benannt wurden, hielt man unsere Erde nicht für einen Planeten wie die anderen auch, sondern für das Zentrum des Weltalls. Heute nennt man den Planeten Erde manchmal Terra; aber das ist nichts weiter als das lateinische Wort für Erde.

Blitz und Donner ohne Ende

In diesem Moment gehen auf der gesamten Erde 1500 Gewitter nieder. Pro Minute gibt es weltweit 6000 Blitze. Allein eine kräftige Gewitterfront, die über Mitteleuropa hinwegzieht, bringt es auf über 50 000 Blitze. Nicht alle Blitze schlagen an hochgelegenen Punkten auf der Erde ein. Viele von ihnen springen auch von Wolke zu Wolke oder treffen Flugzeuge.

In Deutschland wird jeder Blitz registriert. Es gibt ein Computersystem namens BLIDS (Blitz-Informationsdienstleistung), das in 20 (davon sechs in Frankreich und der Schweiz) Empfangsstationen die von Blitzen ausgesandten elektromagnetischen Wellen aufnimmt. Von dort werden die aufgezeichneten Daten an den Hauptcomputer weitergeleitet, der sie dann bearbeitet.

Katastrophen aus dem Weltraum?

Durch unser Sonnensystem schwirren ständig Zehntausende Asteroiden. Dies sind Kleinplaneten, die wie die großen Planeten die Sonne umkreisen. 170 von ihnen haben einen Durchmesser von mehr als einem Kilometer und wären damit groß genug, um beim Aufprall auf die Erde die Zivilisation zu vernichten. Kleinere kosmische Trümmer, die Kometen, verglühen als Sternschnuppen beim Eintauchen in die Erdatmosphäre. Alle 300 000 Jahre, so schätzen Astronomen, schlägt ein wirklich großer Brocken bei uns ein.

Zuletzt war im Jahr 1989 ein 250 Meter dicker Asteroid in einer Entfernung von nur 800 000 Kilometern an der Erde vorbeigestürzt. Das ist nach kosmischen Maßstäben beängstigend nahe. Eine der größten Katastrophen geschah vor etwa 65 Millionen Jahren. Damals war ein zehn Kilometer dicker Himmelskörper auf die Erde gestürzt. Monatelang hatte eine Staubwolke den Himmel verdunkelt. Auf der Erde wurde es kalt, die Dinosaurier starben aus und die Säugetiere entwickelten sich. Ohne diese urzeitliche Katastrophe gäbe es heute wohl keine Menschen, sondern (vielleicht) intelligente Saurier.

Vor den kleinen Kometen, die täglich auf die Erde stürzen, brauchen wir uns jedoch nicht zu fürchten. Die meisten von ihnen verglühen in der Luftschicht. Man hat berechnet, dass alle 17 Jahre irgendwo auf der Welt ein Mensch von einem Brocken aus dem All getroffen wird.

Kein Tag wie jeder andere

Seit man supergenaue Atomuhren hat, weiß man auch, dass kein Tag so lang ist wie der andere. Jeden Tag braucht die Erde um ein paar winzige Bruchteile von Sekunden länger, um sich um die eigene Achse zu drehen. Pro Jahrhundert gehen immerhin 13 Sekunden verloren. Moderne Hochpräzisionsuhren richten sich daher nicht mehr nach der Erddrehung, sondern nach der Schwingungsfrequenz bestimmter Atome. 1967 wurde international Folgendes vereinbart: Eine Sekunde dauert genau so lange, wie ein Cäsium-Atom braucht, um 9 192 631 770 Mal zu schwingen.

Kunst und Kultur

Niemand bürgt für Mona Lisa

Das wertvollste Gemälde der Welt hat keinen Preis, weil man es nicht kaufen kann. Es ist die „Mona Lisa" von Leonardo da Vinci. Sie hängt im berühmten Louvre in Paris. Als das Bild von Dezember 1962 bis März 1963 in New York und Washington ausgestellt werden sollte, wurde sein Wert von einer Versicherung auf 100 Millionen Dollar geschätzt! Heute würden Schätzungen in die Milliarden gehen.
Letztendlich wurde aber doch keine Versicherung abgeschlossen, da selbst die aufwendigsten Sicherheitsmaßnahmen noch immer billiger waren als die riesige Versicherungsprämie.

Wenn das Vincent wüsste!

Das Gemälde, das den höchsten Preis im 20. Jahrhundert erzielte, ist das „Porträt des Dr. Gachet" von Vincent van Gogh. 1990 wechselte es beim Auktionshaus Christie's in New York innerhalb von drei Minuten seinen Besitzer – für einen Preis von rund 82,5 Millionen US-Dollar. Van Gogh malte dieses Bild seines Arztes wenige Wochen bevor er seinem Leben ein Ende setzte.
Bis zu dieser Auktion war der Rekordhalter bei Preisen für Kunstwerke ebenfalls ein Bild von van Gogh: Die „Schwertlilien" hatten 1987 beim New Yorker Auktionshaus Sotheby's den sensationellen Preis von 53,9 Millionen US-Dollar erzielt. Doch damit hatte sich der Kunstliebhaber und Geschäftsmann Alan Bond offensichtlich etwas übernommen:

1990 wurden die „Schwertlilien“ an das Getty-Museum verkauft. Diesem reichsten Museum der Welt stehen jedes Jahr fast 300 Millionen US-Dollar für Neuerwerbungen zur Verfügung.
Vincent van Gogh hätte einen Teil des Geldes, das heute seine Bilder wert sind, gut gebrauchen können. Er war zu Lebzeiten ein bettelarmer Künstler.
Inzwischen gibt es noch teurere Bilder. Im Jahre 2004 wurde das Bild „Junge mit Pfeife“ von Pablo Picasso für 104,2 Millionen US-Dollar, 2006 Gustav Klimts „Adele Bloch-Bauer I“ für 135 Millionen US-Dollar verkauft. Den Rekord hält allerdings ein Werk Jackson Pollocks. Sein Bild „No. 5, 1948“ ging im November 2006 für 140 Millionen US-Dollar an einen mexikanischen Sammler.

Ganz unter uns

Das 1976 eröffnete Smithsonian's National Air and Space Museum in Washington (USA) ist das meistbesuchte Museum der Welt: An einem Tag wurden 118 437 Besucher gezählt! Um Einrichtung und Publikum zu schützen, musste das Museum vorübergehend geschlossen werden.

Auch Goethe konnte irren

Johann Wolfgang von Goethe (1749–1832) war ohne jeden Zweifel einer der größten Dichter, die je gelebt haben. Er be-

schäftigte sich aber auch intensiv mit naturwissenschaftlichen Fragen. Und er glaubte sogar, dass sich sein Nachruhm eher auf seine wissenschaftlichen als auf seine literarischen Arbeiten gründen werde.
Damit lag der Dichterfürst aber ordentlich daneben. Denn die meisten seiner wissenschaftlichen Theorien sind schlicht falsch. So steht zum Beispiel Goethes Farbenlehre, eine umfangreiche Abhandlung über Licht und Farbe, im Gegensatz zu den meisten gesicherten heutigen Erkenntnissen.
Ferner war Goethe ein Anhänger des Neptunismus. Diese Theorie besagt, dass sich die Gesteinsformationen der Erde ursprünglich in den Meeren abgelagert hätten. Diese Auffassung hat sich als weitgehend falsch erwiesen. Vielmehr hatten die Anhänger des Vulkanismus Recht. Diese Lehre geht davon aus, dass die Bildung der wichtigen Felsformationen auf die Hitze im Erdinneren zurückzuführen ist. Goethe hat den Vulkanismus als absoluten Irrglauben verspottet.

Friedrich Schiller – polizeilich gesucht

Nach der ersten Aufführung des Stückes „Die Räuber“ von Friedrich von Schiller 1782 in Mannheim wurde der Dichter tatsächlich von der Polizei gesucht. Er war aus der Stadt geflohen und musste sich im Dorf Oggersheim verstecken. Das Drama hatte nämlich einige mutige revolutionäre Gedanken, die den Herrschenden gar nicht passten. Außerdem hatte der württembergische Herzog Karl Eugen dem jungen Schiller jede Art von literarischer Betätigung verboten.

Doch das Stück und die anschließende Flucht machten Friedrich von Schiller mit einem Schlag in ganz Deutschland bekannt. Im Jahr darauf durfte er als prominente Persönlichkeit nach Mannheim zurückkehren. 1789 wurde er – auf Vermittlung seines berühmten Dichterkollegen Goethe – zum Professor für Geschichte an der Universität Jena ernannt.

Heizölrückstoßabdämpfung, oder wie?

1988 suchte die Wiesbadener Gesellschaft für deutsche Sprache das längste deutsche Wort, in dem sich kein Buchstabe wiederholt. Mit je 23 Buchstaben sehr gut im Rennen waren die Wörter „Zwölftonmusikbücherjagd", „Wildschützbärenjuxkampf" und „Boxkampfjuryschützlinge".
Klarer Sieger mit 24 Buchstaben wurde aber das Wortungetüm „Heizölrückstoßabdämpfung".

Ein Gemälde ohne Ende

Von 1840 bis 1846 malte der amerikanische Maler John Banard an einem drei Meter hohen und fast fünf Kilometer langen Gemälde mit dem Titel „Panorama des Mississippi". Dann wurde das Bild in einem Kaufhaus in Chicago eingelagert. Man vermutet, dass es später einem Brand zum Opfer fiel. Andere Quellen berichten davon, dass ein Engländer das kolossale Bild gekauft und nach Indien gebracht hat. Vielleicht existiert es ja immer noch.

Der Maler, der ins Wasser ging

Der erste Landschaftsmaler, der zur Arbeit unter Wasser ging, war der deutsche Maler Franz Kessler. Er ließ sich aus einem eisenverstärkten Fass ohne Boden eine Taucherglocke mit Glasfenster bauen. Darin saß er im Jahr 1611 mit Pinsel und Staffelei und war so als erster Mensch in der Lage, Unterwasserlandschaften mit Fischen und anderen Wassertieren abzumalen.

Der erfinderische Künstler dachte wohl nicht im Traum daran, welchen Nutzen seine Erfindung der Taucherglocke für Wissenschaft und Technik einmal haben würde.

Münchhausen: Es kommt drauf an, was man draus macht

Den Lügenbaron Münchhausen hat es tatsächlich gegeben. Er hieß mit vollem Namen Karl Friedrich Hieronymus Freiherr von Münchhausen, lebte von 1720 bis 1792 und war ein begeisterter Jägersmann und Kriegsheld. Angeblich nahm er als Offizier an den Kriegen gegen die Türken teil. Die genaueren Umstände sind zweifelhaft, denn berühmt wurde Münchhausen nicht durch seine wirklichen Taten, sondern als Erzähler sensationeller Geschichten. Man gab ihm den Spitznamen „Lügenbaron".

Ein unbekannter Autor schrieb die Lügengeschichten des Barons auf. Diese übersetzte ein gewisser Rudolf Erich Raspe ins Englische und diese Fassung las der Dichter Gottfried

August Bürger. Er übersetzte sie wieder zurück ins Deutsche, übernahm die Aufteilung Raspes in Land- und Seeabenteuer und brachte sie 1786 als Buch heraus.

Michelangelo und die Polizei des Vatikans

Einer der bedeutendsten Künstler der Weltgeschichte, der Italiener Michelangelo, war nicht nur ein genialer Bildhauer, Maler, Baumeister und Dichter. Lange Zeit war man davon überzeugt, dass er im Jahr 1505 auch die Uniformen der Schweizergarde, der Polizisten des Vatikanstaates, entworfen habe. Das stimmt allerdings nicht. Die heutige Uniform entwickelte 1914 der damalige Kommandant der Gardisten Jules Repond aus der bis dahin üblichen Bekleidung weiter.
Michelangelos Ruhm tut das keinen Abbruch. Viel berühmter als die Uniformen sind die Gemälde Michelangelos, zum Beispiel das „Jüngste Gericht" in der Sixtinischen Kapelle in Rom.

Vom Tellerwäscher zum Methusalem – und das alles mit Musik

Der erfolgreichste amerikanische Schlagerkomponist Irving Berlin wurde über 100 Jahre alt. Berlin, ein Sohn jüdischer Einwanderer, kam bereits im Alter von fünf Jahren nach New York, wo er die sprichwörtliche amerikanische Karriere vom Tellerwäscher zum Millionär machte.

Von Berlin stammen so berühmte Ohrwürmer wie „White Christmas“ und „God Bless America“. Er starb 1989 im Alter von 101 Jahren.

Ein Sprengstofferfinder mit Gewissen

Der Sprengstoff Nitroglyzerin explodiert schon bei harmlosen Erschütterungen. Er ist so gefährlich, dass der schwedische Industrielle Alfred Nobel seine erste Nitroglyzerinfabrik auf einem Lastkahn baute, der in der Mitte eines Sees schwamm. Doch zweimal in fünf Jahren flog die schwimmende Fabrik in die Luft. Dabei kam Alfred Nobels jüngerer Bruder ums Leben. Sein Vater wurde schwer verletzt und trug eine Behinderung davon. Beim Versuch, das Teufelszeug zu entschärfen, mischte es Nobel mit Kieselgur, einem Gesteinsmehl. Das Ergebnis war Dynamit, mit dessen Verkauf Alfred Nobel ein Vermögen machte. Denn nun konnte der Sprengstoff sicher gelagert und transportiert werden.

Der Fabrikant erkannte jedoch auch, was seine Erfindung im Krieg anrichten konnte. Er vererbte sein Vermögen einer gemeinnützigen Stiftung, die seit über 100 Jahren den Nobelpreis für Leistungen im Dienste der Menschheit vergibt.

Diese Katzen sind die größten

Das bisher erfolgreichste Musical ist „Cats“. Geschrieben wurde die Katzenstory von Andrew Lloyd Webber, von dem

auch der Welterfolg „Jesus Christ Superstar“ stammt. 1983 erhielt „Cats“ den Tony Award. Das ist sozusagen der Oscar für Musicals. Ausgezeichnet wurde das Stück für das „beste Musical“, das „beste Buch“, die „beste Lichtregie“, die „besten Kostüme“, die „beste Partitur“ und die „beste Regie“.
Die Uraufführung dieses Supermusicals war am 11. Mai 1981 in London. Es folgten Vorstellungen in Osaka, Sidney, Budapest, Wien, Hamburg und vielen weiteren Städten. Allein in London wurde „Cats“ bis zum 11. Mai 2002 etwas mehr als 9000 Mal gespielt, bevor es vom Spielplan abgesetzt wurde. Insgesamt hatte es bislang mehr als 50 Millionen Besucher.
Für ein anderes Musical des Erfolgskomponisten Webber, „Das Phantom der Oper“, wurde in Hamburg das größte Theater auf dem europäischen Kontinent gebaut. Es verfügt über 2000 Sitzplätze und kostete 60 Millionen Euro. Die Uraufführung fand im Sommer 1990 in Hamburg statt.

Warum lächelt Mona Lisa?

Leonardo da Vincis berühmtestes Gemälde ist das Bildnis der Mona Lisa. Obwohl dieses Kunstwerk nun schon jahrhundertealt ist, ist eine Frage bis heute ungelöst: Was ist das Geheimnis des Lächelns der Mona Lisa?
Einige Forscher glauben, dass sie um ihre verstorbene Tochter trauert. Andere wiederum mutmaßen, dass sie gerade an ihren Liebhaber denkt. Und wiederum andere Experten behaupten, dass das berühmte Lächeln darauf zurückzuführen ist, dass der Mona Lisa gerade ein Zahn gezogen worden ist.

So klingt die Stille

Das leiseste Musikstück aller Zeiten komponierte John Cage: Das Werk mit dem Titel „4′33″“ aus dem Jahre 1952 besteht aus vier Minuten und 33 Sekunden Stille. Die Komposition setzt sich aus drei Sätzen zusammen und ist für beliebige Instrumente bestimmt. „4′33″“ zählt zu den Schlüsselwerken der neuen Musik.

Ein Lied ohne Ende

Genau 65 Strophen hatte die Nationalhymne der ehemaligen Sowjetunion. Zum Glück für die Teilnehmer wurden zu feierlichen Anlässen aber nur ein paar Strophen vorgetragen.

Ein buchstäblich eintöniges Musikstück

Das buchstäblich eintönigste Musikstück aller Zeiten verdanken wir dem deutschen Komponisten Peter Cornelius (1824–1874). Es heißt „Ein Ton“ und klingt auch genauso: Eine einzige Note wird in 30 Takten insgesamt 80 Mal wiederholt.

Indien schlägt Amerika – im Film

Amerika wird oft als Filmland Nummer eins bezeichnet. Das ist aber gar nicht richtig.

In Wirklichkeit werden die meisten Filme nicht in Amerika, sondern in Indien gedreht. Jedes Jahr werden hier nicht weniger als 800 Spielfilme gedreht.

Ein teurer Schrott-Film

Eine teure Angelegenheit war ein Spielfilm, der im Jahr 1982 produziert wurde. Während der Dreharbeiten wurden nicht weniger als 150 Fahrzeuge (darunter zwei Cadillacs sowie mehrere Boote und Lastwagen) zu Schrott gefahren. Der Streifen hatte den beziehungsreichen Titel „The Junkman".

Ein Satzzeichen – und fertig ist der Brief

Einen Brief, der nur aus einem einzigen Satzzeichen bestand, schrieb der Schriftsteller Victor Hugo. Der Brief war an den Verleger von Hugos Roman „Les Misérables" gerichtet und bestand nur aus einem „?". Das bedeutete ungefähr so viel wie: „Wie verkauft sich eigentlich mein neues Buch?"
Die Antwort des Verlegers war übrigens genauso kurz. Sie lautete: „!", was so viel bedeutete wie: „Ganz ausgezeichnet!"

Die Marsmenschen sind mitten unter uns!

Im Jahr 1938, genau am Abend vor Halloween, glaubten viele Amerikaner, dass Menschen vom Mars gelandet seien.

Was war geschehen? Ohne jegliche Vorankündigung wurde im Radio das Hörspiel „Der Krieg der Welten" von H. G. Wells ausgestrahlt. Es handelt davon, dass die Erde von Marsbewohnern heimgesucht wird.
Die Sendung war von dem berühmten Regisseur Orson Welles derart realitätsgetreu inszeniert, dass viele Hörer von einer Invasion vom Mars überzeugt waren. Die realistische Wirkung wurde dadurch erzielt, dass die Radiosendung immer wieder durch einen Nachrichtensprecher unterbrochen wurde.
Gesteigert wurde der Effekt noch dadurch, dass angebliche Live-Interviews gesendet wurden, in denen Augenzeugen von den Marsmenschen berichteten.
Die Folge dieser „Informationen" war eine Massenpanik in der Bevölkerung, da viele Menschen möglichst schnell die Städte verlassen wollten, um sich in Sicherheit zu bringen.

Da schwieg der Pressluftbohrer

Die englische Rockgruppe „The Who" kann für sich in Anspruch nehmen, die lauteste Rockband gewesen zu sein: Die Verstärkeranlage der Gruppe hatte bei einem Konzert im Jahr 1976 in einem Londoner Fußballstadion eine Gesamtstärke von 76 000 Watt. In einer Entfernung von 50 Metern von der Anlage betrug die Lautstärke noch 120 Dezibel. Ein Pressluftbohrer erzeugt dagegen „nur" 110 Dezibel.

Micky Maus – ein Sprachgenie

In 284 Sprachen wurden die Abenteuer der Micky Maus übersetzt. Damit hält Micky Maus den Rekord. Wladimir Ilitsch Lenin brachte es auf 276, die englische Kriminalschriftstellerin Agatha Christie auf 262 Übersetzungen.

Er fiel nie aus der Rolle

Der Japaner Kanmi Fujiyama dürfte der Schauspieler mit der größten Ausdauer sein: Von 1966 bis 1983 spielte er die Hauptrolle in ein und derselben Komödie nicht weniger als 10 288 Mal!

Aus der Tierwelt

Das ist Bienenfleiß

Um ein Kilogramm Honig zu sammeln, müsste eine Biene einmal rund um die Erde fliegen. Zur Erzeugung von einem Kilogramm Honig brauchen Bienen 40 000 Nektarladungen. Bei jedem Flug legt die Biene durchschnittlich einen Kilometer zurück, macht insgesamt 40 000 Kilometer Flugstrecke für ein Kilogramm Honig. Wollte also eine einzige Biene ein Kilogramm Honig sammeln, müsste sie daher eine Strecke fliegen, die so lang ist wie ein Flug um die ganze Welt.

Die Dinos leben doch?

Bis vor 65 Millionen Jahren waren die Dinosaurier auf unserer Erde die alles beherrschende Tierart. Doch mit einem Schlag waren sämtliche Dinos ausgestorben.
Amerikanische Forscher haben jetzt das Rätsel des großen Sauriersterbens geklärt. Schuld an dieser Katastrophe war der Einschlag eines gewaltigen Asteroiden, der aus den Tiefen des Weltalls auf die Erde stürzte. Er schlug im Golf von Mexiko ein und riss einen 180 Kilometer breiten Trichter. Dabei wirbelte die Gesteinsbombe unzählige Milliarden Tonnen Staub in die Luft. Sonnenlicht konnte nicht mehr zur Erdoberfläche dringen, und dadurch starben die kälteempfindlichen Dinosaurier schlagartig aus. Was für die Dinosaurier eine Katastrophe war, wurde für die Säugetiere ein Glücksfall. Sie konnten sich nun ungehindert entwickeln. Und wir Menschen verdanken es einem Himmelskörper, dass es uns gibt.

Ohne den Meteoriten, der vor 65 Millionen Jahren ein Loch in die Erde gerissen hat, würden heute vielleicht intelligente Dinos die Erde bevölkern.

Duft macht müde Kühe munter

Auf Parfüm für Kühe schwören zwei amerikanische Wissenschaftler. Die beiden Forscher hüllten Milchkühe in den Duft von Anis-Öl und bewirkten damit Erstaunliches: Die parfümierten Tiere produzierten monatlich bis zu 90 Liter mehr Milch als ihre unparfümierten Kolleginnen.
Eine Erklärung für dieses verblüffende Phänomen haben die Wissenschaftler auch schon: Die Übertünchung des Eigengeruchs setzt die Rangordnung innerhalb der Herde außer Kraft und erspart den Tieren damit viel Stress.

Roelant Savery und sein abscheulicher Vogel

Vom Dodo, einer vom Menschen ausgerotteten Taubenart, haben wir eine Menge Bilder, die aber dieses Tier höchst unterschiedlich abbilden. Nur zwei Exemplare dieses von der Insel Mauritius stammenden Vogels gelangten nach Europa.
Im Jahr 1601 fing der holländische Kapitän van Nek als Erster einen dieser großen, harmlosen Taubenvögel, die weder fliegen noch schnell laufen konnten. Er nannte sie „Walghvogels" (= abscheuliche Vögel), weil ihm ihr Fleisch nicht schmeckte. Trotzdem nahm er zwei Exemplare mit nach

Europa, wo sie größtes Aufsehen erregten. Auf Mauritius wurden die Vögel von den Eroberern bald ausgerottet.
In Europa nahm sich der holländische Maler Roelant Savery des Walghvogels (später Dodo genannt) an. Der Künstler malte fast nur noch Dodo-Bilder und wurde mit dieser Spezialisierung ein berühmter Mann.

Ein Tintenfisch mit blauem Blut

Von Menschen adeliger Herkunft sagt man manchmal, sie hätten blaues Blut. Das ist natürlich nicht wörtlich gemeint, sondern weist lediglich auf ihre Abstammung hin. Richtig blaues Blut haben nicht Grafen und Fürsten, sondern Tintenfische, einige Schneckenarten, manche Spinnen, Krebse und Muscheln. Verantwortlich dafür ist der blaue Blutfarbstoff Hämozyanin.
Das Blut von Wirbeltieren, zu denen auch der Mensch gerechnet wird, von Regenwürmern und manchen anderen Würmern ist durch den Stoff Hämoglobin rot eingefärbt. Einige Seeigelarten haben orangefarbenes Blut, Borstenwürmer haben grünes und Heuschrecken weißes Blut. Das Blut der meisten wirbellosen Tiere ist unbestimmt farblos.

Schädlingsbekämpfung durch den Briefträger

Auf Schädlingsbekämpfung per Post hat sich 1989 ein einfallsreicher Biologe spezialisiert: Anstatt gegen die unter-

schiedlichsten Schädlinge, wie zum Beispiel Spinnmilbe, Blattlaus und Weiße Fliege, die üblichen giftigen Chemikalien einzusetzen, kann man bei ihm die entsprechenden natürlichen Feinde der Schädlinge bestellen. Inzwischen gibt es eine Reihe weiterer Anbieter.
Die Larven der Florfliege, Schlupfwespe oder Raubmilbe kommen schön verpackt per Post ins Haus. Die natürlichen Feinde müssen dann nur noch auf ihre Beute angesetzt werden.

Das Dackel-Pferd

Die Vorfahren unserer heutigen Pferde waren kleine Geschöpfe, die mit 30 Zentimeter Höhe gerade mal so groß wie Dackel wurden. Eohippus, so der wissenschaftliche Name für diese längst ausgestorbenen Urpferdchen, lebte vor 50 Millionen Jahren.

Die Schlange mit der Riesen-Taille

Die Große Anakonda, eine Schlange, die in Südamerika vorkommt, wird normalerweise etwa acht Meter lang. Man hat allerdings auch schon ein Exemplar gefunden, das 14 Meter lang war und an seiner dicksten Stelle einen Durchmesser von 82 Zentimetern aufwies.

Tonnenschwere Riesenbabys

Mit etwa zwei Tonnen Geburtsgewicht ist das Junge des Blauwals das schwerste Baby im Tierreich. Blauwalkinder halten aber noch einen zweiten Rekord: Sie wachsen am schnellsten. Blauwalbabys nehmen in den ersten sieben Lebensmonaten nicht weniger als 22 Tonnen zu!

Das Vorleben der Eintagsfliegen

In Wirklichkeit werden Eintagsfliegen nicht einmal einen Tag alt. Sie sterben bereits nach etwa fünf Stunden. Als Larve haben diese Tiere allerdings ein „Vorleben" von einigen Monaten.

So kurz das Leben der einzelnen Eintagsfliege auch ist, als Tierart ist sie außerordentlich alt, nämlich 350 Millionen Jahre. Seit dieser Zeit haben sich die Eintagsfliegen als Art nicht verändert.

Winzige Vielfraße

Tatsächlich verhungern müssten wir Menschen, wenn wir einen so hohen Lebensmittelbedarf hätten wie manche Tiere. So frisst etwa die Zwergspitzmaus jeden Tag das Dreifache ihres Körpergewichts.

Wenn wir Menschen so viel Nahrung wie die Zwergspitzmaus benötigten, dann müssten wir täglich 200 Kilogramm

Kartoffeln essen. Und wenn menschliche Neugeborene so gefräßig wie Falterlarven wären, so müsste ein Baby gleich nach seiner Geburt an die 300 Tonnen Lebensmittel verspeisen.

Tiere mit vollem Durchblick

Zwar hat der Brillenpinguin keine Augen auf dem Rücken. Aber er kann trotzdem sehen, was hinter ihm vorgeht: Seine Augen sind so angeordnet, dass er einen vollkommenen Rundumblick hat. Auf diese Weise kann der etwa 70 Zentimeter große Vogel seine gesamte Umgebung überblicken, ohne den Kopf bewegen zu müssen.

Am besten schielen kann übrigens das Chamäleon: Es kann beide Augen unabhängig voneinander bewegen, sodass es zur gleichen Zeit in zwei verschiedene Richtungen blicken kann.

Die scheintote Schnecke stirbt erst später

Im Jahr 1846 wurden dem Britischen Museum in London zwei Exemplare einer Wüstenschneckenart zum Geschenk gemacht. Die „toten" Tiere wurden auf einer Tafel befestigt und in einem Schaukasten ausgestellt.

1850 kamen Mitarbeiter des Museums auf die Idee, eine der beiden Schnecken in lauwarmes Wasser zu legen. Und siehe da: Das Tier wurde wieder lebendig, begann zu fressen und lebte noch zwei volle Jahre, bis es wirklich starb. Die Schnecke war also tatsächlich ganze vier Jahre scheintot gewesen!

Der Untermieter des Krokodils

So etwas wie ein „Vertrag“ besteht zwischen dem Krokodil und dem Krokodilwächter. Der Krokodilwächter ist ein in Afrika lebender Vogel. Dieser kann sich etwas leisten, was für jedes andere Tier absolut tödlich wäre: Der Krokodilwächter spaziert sorglos im aufgesperrten Rachen des Krokodils herum. Das wird vom Krokodil geduldet, weil der Vogel Fleischreste und Schmarotzer aus den Zähnen entfernt und frisst. Dies ist für beide Tiere vorteilhaft: Das Krokodil ist seine Speisereste los und der Krokodilwächter kann unbekümmert fressen.

Diese „Vereinbarung“ hat für beide Tiere aber noch weitere Vorteile: Der Vogel ist im Rachen des Krokodils vor allen Feinden sicher. Denn kein anderes Tier würde es wagen, sich einem Krokodil zu nähern, nur um einen kleinen Vogel zu jagen. Andererseits kann das Krokodil sorglos dahindösen, denn bei jeder Gefahrensituation schlägt der Krokodilwächter sofort Alarm.

So ist dieser „Vertrag“ zwischen den Tieren für beide recht nützlich – und wird deshalb auch von diesen beiden Arten strikt eingehalten.

Der Kolibri als Hubschrauber

Als einziger Vogel ist der Kolibri in der Lage, sowohl vorwärts als auch rückwärts zu fliegen. Er kann sogar wie ein Hubschrauber in der Luft stehen bleiben. Um diesen Stillstand in der Luft zu bewerkstelligen, muss der Kolibri mit seinen Flügeln außerordentlich schnell schlagen. Er macht hierbei bis zu 80 Flügelbewegungen in der Sekunde!

Ein sensibler Riese

Die Pythonschlange besitzt ein unglaublich empfindliches System zur Wahrnehmung von Wärmestrahlen. Mit einer Spezialmembran am Kopf kann das Tier auch geringste Wärmeveränderungen in seiner Umgebung feststellen. Durch diese außergewöhnliche Fähigkeit spürt die Riesenschlange auch bei absoluter Dunkelheit jedes Beutetier im Umkreis von acht Metern auf! Die Schlange weiß aufgrund der Wärmeausstrahlung ihres Opfers sogar genau, wie groß dieses Tier ist! Wärmeveränderungen von nur einem hundertstel Grad können von dem Python noch wahrgenommen werden.

Gut gebrüllt, Affe!

Brüllaffen haben die lauteste Stimme aller Tiere auf der Welt. Eine Höhlung unter dem Zungenbein des Affen lässt seine Stimme so laut erschallen, dass man sie über eine Strecke von fünf Kilometern hört. Mit ihrem ohrenbetäubenden Gebrüll markieren die Affen die Grenzen ihres Reviers.

Das donnernde Brüllen steht allerdings in auffälligem Gegensatz zur Körpergröße dieser Tiere: Brüllaffen werden nur einen halben Meter groß.

Die Taucherbrille der Kormorane

Von allen Vögeln sind die Kormorane am besten an das Leben im Wasser angepasst. Sie sind sehr gute Schwimmer und ausgezeichnete Taucher. Zum Tauchen verwenden die Kormorane eine Art Taucherbrille: Sobald sie untertauchen, schiebt sich ein durchsichtiges Häutchen über die Augen.
Bis zu fünf Minuten lang halten es diese Tiere unter Wasser aus. Wenn sie besonders tief tauchen wollen, fressen Kormorane sogar Steine, um das nötige Gewicht zu erreichen.

Ausgeruhte Langschläfer

Lange zu schlafen können sich viele Tiere nur deshalb erlauben, weil sie sich ihrer eigenen Gefährlichkeit und Stärke bewusst sind. So schlafen etwa Raubkatzen, die keine natürlichen Feinde haben, die längste Zeit des Tages.
Auch der selbstbewusste Gorilla schläft jeden Tag ungefähr 13 Stunden lang. Auf beachtliche 18 Stunden Schlaf täglich bringt es der Igel: Er rollt sich einfach zu einer stacheligen Kugel zusammen und hat so von kaum einem Feind etwas zu befürchten.

Krähen mit Fremdsprachenkenntnissen

Wie bei den Menschen, so gibt es auch bei den Tieren unterschiedliche Dialekte und Sprachen. So haben zum Beispiel die

Laute der Krähen in verschiedenen Gegenden eine ganz andere Bedeutung. Deshalb wäre eine alpenländische Krähe wohl kaum in der Lage ihre spanische Kollegin zu verstehen. Allerdings hat man auch feststellen können, dass manche Krähen auf ihren Wanderungen fremde Dialekte lernen. Besonders kluge Vertreter dieser Vogelart „sprechen" sogar echte Fremdsprachen: Solche Krähen kennen die wichtigsten Ausdrücke in der Sprache der Dohlen und Möwen.

Der Schwanz als Angel

Einer recht eigenwilligen Jagdmethode bedient sich der südamerikanische Jaguar: Er lässt, auf einem Baum sitzend, seinen Schwanz ins Wasser hängen und benutzt ihn als Angel. Sobald ein Fisch anbeißt, schleudert er ihn blitzartig ans Ufer und macht sich gleich über die Beute her.

Ein heller Käfer

Wie schon sein Name verrät, ist der Leuchtschnellkäfer ein Leuchtkäfer. Doch die Leuchtkraft dieser in Südamerika beheimateten Tiere ist etwa 200 Mal größer als die unserer Leuchtkäfer.
Damit ist der Leuchtschnellkäfer wahrscheinlich das leuchtstärkste Tier überhaupt. Wenn 30 dieser Käfer zusammenkommen, so ist das von ihnen erzeugte Licht ungefähr gleich hell wie die Flamme einer Kerze.

Eine Schlange im Segelflug

Die südostasiatische Schmuckbaumnatter ist die einzige Schlange der Welt, die nicht wirklich „fliegen", aber große Entfernungen im Gleitflug überwinden kann. Das Tier klettert auf Bäume und lässt sich aus einer Höhe von 20 Metern und mehr in die Tiefe fallen. Schmuckbaumnattern haben keinerlei körperliche Merkmale wie z. B. Flughäute, die ihre Gleitfähigkeit unterstützen könnten. Dafür sind sie aber in der Lage, in der Luft ihre Rippen nach außen zu spreizen.

Giftfresser Kaninchen

Für den Menschen ist der Verzehr des hochgiftigen Knollenblätterpilzes absolut tödlich. Das Wildkaninchen verspeist diesen Pilz hingegen mit Genuss – und ohne Schaden.

Gewichtige Insekten

So erstaunlich es klingt, Insekten sind die schwersten Tiere der Welt – wenn man ihr Gewicht zusammenzählt: Würde man alle Insekten, die es gibt, wiegen, käme man auf ein Gesamtgewicht von über zwei Milliarden Tonnen.
Zum Vergleich: Alle Menschen brächten es nur auf knapp 200 Millionen Tonnen, also auf nur ein Zehntel des Gewichts aller Insekten. Die Ursache für diese verblüffende Tatsache: Neun von zehn Tieren auf der Erde sind Insekten.

Der Geruch der Heimat des Lachses

Sein unvorstellbar feiner Geruchssinn ermöglicht es dem Atlantischen Lachs, die verschiedenen Gerüche seines Heimatflusses zu erkennen und von allen anderen Wasserzuflüssen zu unterscheiden. So kann der Lachs problemlos zu seinem Geburtsort zurückfinden, auch wenn sich dieser 2000 Kilometer weit weg befindet.

Kinderstube hinter festen Mauern

Die sicherste Kinderstube haben einige Arten der Nashornvögel: Die Männchen mauern die Weibchen samt ihren Jungen in Baumhöhlen ein. Lediglich ein winziges Loch zur Futterübergabe wird frei gelassen.
Während der gesamten Zeit der Aufzucht müssen also die Männchen für die ganze Familie die Nahrung herbeischaffen. Das ist zwar sehr anstrengend, aber dafür haben Nesträuber keine Chance, sich an Weibchen und Jungen zu vergreifen.

Mörderische Perlenmuschel

Die Riesenmuschel, auch „Mördermuschel" genannt, hat nicht nur einen außerordentlichen Namen, sondern auch außerordentliche Eigenschaften: Sie wird bis zu 1,8 Meter lang und bis zu 500 Kilogramm schwer. Damit ist sie die größte lebende Muschel. Die stattlichste bisher bekannte

Perle wurde ebenfalls in einer Riesenmuschel entdeckt. Ihre Maße: 22 Zentimeter lang, 14 Zentimeter breit , 15 Zentimeter hoch und sieben Kilogramm schwer.

Böser Blick?

Die bei uns bekannte Gartenschnecke hat einen Verwandten, der von der Größe her etwas aus der Reihe schlägt: den Riesenkalmar. Seine Länge: über 20 Meter! Damit ist dieser Krake das größte Weichtier auf der Erde. In Sagen und Märchen wird immer wieder von riesigen Meeresungeheuern berichtet, die Schiffe und Seeleute bedrohen. Diese Geschichten haben ohne Zweifel zum Teil einen realen Hintergrund, eben den Riesenkalmar. Dieses Tier ist aber nicht nur wegen seiner Körpergröße eine Furcht einflößende Erscheinung. Besonders bedrohlich ist sein Blick: Seine Augen erreichen einen Durchmesser von bis zu 40 Zentimetern!

Der Hai, der Rieseneier legt

Der Walhai ist mit 19 Metern Länge und einem Gewicht von 12 Tonnen der größte Fisch der Erde. Für den Menschen ist der Walhai jedoch harmlos: Er ernährt sich von Plankton und Kleinstlebewesen. Darüber hinaus ist er auch das Lebewesen, dessen Weibchen die größten Eier hervorbringt. In Mexiko fand man ein 30 x 14 cm großes Ei. Inzwischen weiß man, dass Walhai-Mütter ihre Jungen auch lebend gebären können.

Termiten beim Hochhausbau

Termiten errichten im Vergleich zu ihrer Körpergröße die höchsten Bauten der Erde: Die Hügel der nur zwei Zentimeter großen Tiere erreichen eine Höhe von bis zu sieben Metern. Würden Menschen so hohe Bauten fertigen wie Termiten, müssten ihre Wolkenkratzer bis zu 800 Meter hoch sein!

Vorsicht, Käfer, Explosionsgefahr!

Der Bombardierkäfer befördert in seinem Hinterleib eine höchst gefährliche Fracht. In getrennten Kammern werden zwei chemische Substanzen aufbewahrt, die sich beim Herannahen eines Feindes verbinden und dann explodieren. Durch die Explosionskraft wird dem Gegner das giftige Gemisch entgegengeschleudert. Dieses verursacht so große Verletzungen, dass der Angreifer augenblicklich kampfuntauglich ist.

Hausmaus und Kindersegen

Unsere Hausmaus ist ein außerordentlich kinderfreundliches Tier: Pro Wurf bringt sie etwa 20 Junge zur Welt. Es können auch mal 30 Kinder sein, die auf einmal das Licht der Welt erblicken.

Noch produktiver ist allerdings die Wiesenwühlmaus: Ab dem 25. Lebenstag kann sie pro Wurf sechs bis acht Junge haben – und das 17 Mal im Jahr.

Der Fleiß einer bedrohten Königin

Das fleißigste Insekt der Welt ist die Termitenkönigin: Sie stößt fast jede Sekunde ein Ei aus.
Auf diese Weise produziert sie im Laufe ihres Lebens etwa 100 Millionen Eier.
Der ungeheure Fleiß dieses Tieres kommt aber nicht von ungefähr: Sobald die Eiproduktion der Termitenkönigin nachlässt, wird sie von ihren Dienerinnen umgebracht.

Das fruchtbarste Tier der Welt

Das fruchtbarste Tier der Welt ist die Kohlblattlaus. Sie pflanzt sich eingeschlechtlich fort, durch die sogenannte Parthenogenese. Ein einziges Tier kann in einem Jahr theoretisch so viele Nachkommen erzeugen, dass deren Gesamtgewicht 822 Millionen Tonnen betragen würde. Das wäre mehr als das dreifache Gewicht aller Menschen auf der Welt. Doch so weit kommt es nicht: Die Sterblichkeitsrate unter den Blattläusen ist sehr hoch.

Eine Wespe als Papierproduzent

Die ersten Menschen, die Papier herstellten, waren die alten Ägypter. Sie gewannen es aus dem Mark der Papyrusstaude. Bereits viele Hunderttausend Jahre früher gab es aber schon andere Papiererzeuger: die Wespen. Diese Tiere stellen eine papierartige Substanz her, indem sie Pflanzenfasern mit Speichel vermischen. Verwendet wird das Papier dann zum Nestbau.

So widerstandsfähig wie ein rohes Ei

Wenn man mit einem Menschen sehr vorsichtig und schonend umgeht, dann sagt man, dass man ihn wie ein rohes Ei behandelt. In Wirklichkeit sind Eier aber verblüffend widerstandsfähig: Trotz ihrer geringen Dicke von etwa 0,3 Millimetern ist die Eierschale imstande, ein Gewicht zu tragen, das ihr eigenes um das 20-fache übersteigt.
Wären wir Menschen so widerstandsfähig wie Eierschalen, so müssten wir eine Last von ungefähr 1,4 Tonnen aushalten!

Gut gebrüllt, Leo!

Der bekannteste Löwe der Welt hieß Leo. Jeder Kinogänger hat ihn schon gesehen: Er tritt im Vorspann der Filmfirma M.G.M. auf und brüllt dabei gewaltig. Leo war vermutlich der außerordentlichste Löwe der Geschichte.
In vielen Filmen vollführte er unglaubliche Kunststücke: Er durchbrach, auf einem Motorrad fahrend, Wände, er hechtete von sinkenden Schiffen in die raue See, und einmal sprang er sogar vom Flugzeug ab. Bei diesem Sprung wurde er allerdings von seinem Trainer begleitet, der durch ein Spezialgeschirr dafür sorgte, dass Leo auch auf allen vieren ankam.

Schlappes Großmaul

Ein echtes Großmaul ist der in Mittel- und Südamerika vorkommende Tukan: Er hat im Verhältnis zur Körperlänge den größten Schnabel. Trotz der Größe des Schnabels hat das Tier aber in Wirklichkeit beim Zubeißen nur sehr wenig Kraft.

Wenn das Chamäleon mit der Zunge schnalzt

Chamäleons fangen Fliegen, indem sie ihre klebrige Zunge aus dem Maul schleudern, die Fliege damit festhalten und die Zunge wieder einziehen. Dabei wird die Zunge des Chamäleons fünfmal so lang wie im zusammengelegten Zustand. Die Zungen anderer Tiere können sich auf höchstens die doppelte Länge ausdehnen. Wissenschaftliche Untersuchungen unter dem Elektronenmikroskop haben ergeben, dass sich der Aufbau des Zungenmuskels eines Chamäleons von jedem anderen Muskel irgendeines bekannten Tieres unterscheidet. Die Zungenspitze wird beim Herausschleudern mit 50-facher Erdbeschleunigung bewegt. Das ist die fünffache Geschwindigkeit eines Düsenjets und kann nicht allein durch Muskelkraft erzeugt werden. Zwei holländische Forscher, Juriaan de Groot und Johan van Leeuwen, fanden heraus, dass sich zwischen Zungenmuskel und Zungenbein Flüssigkeitstaschen befinden, in denen sich spiralförmig gewundene Proteinfasern befinden, die sich zusammendrücken lassen und wie ein Gummiband Energie speichern und freisetzen können.

Ein Tintenfisch mit Vernebelungstaktik

Der Tintenfisch ist der am besten sehende Meeresbewohner. Seinen Feinden gönnt er allerdings keine gute Sicht: Sobald nämlich ein Gegner auftaucht, versprüht der Tintenfisch eine schwärzliche Flüssigkeit, die dem Angreifer jede Sicht nimmt. Diese Vernebelungstaktik benutzt der Tintenfisch, um im Schutz der Dunkelheit flüchten zu können.

Das ist wahre Heimatliebe

Die im Norden Brasiliens lebenden Grünen Meeresschildkröten legen ihre Eier auf der Insel Ascension ab, die 3000 Kilometer vor der südamerikanischen Küste liegt. Der Grund für diese kräfteraubenden Wanderungen: Vor 100 Millionen Jahren lag die Insel noch knapp vor der Küste, und es war damals bequem, auf der Insel zu brüten. Im Laufe der Erdgeschichte sind Insel und Festland jedoch auseinandergetrieben.
Die Schildkröten halten dennoch an ihren alten Brutplätzen fest. Statt den Brutplatz zu wechseln, haben sie im Lauf der Millionen Jahre immer stärkere Muskelpakete entwickelt, um die gigantischen Entfernungen überwinden zu können.

Sehhilfe Zirbeldrüse

Königskrabben und einige andere Tiere, wie zum Beispiel eine neuseeländische Eidechsenart, können zusätzlich mit ihrer

Zirbeldrüse sehen. Sie haben damit ein drittes Auge im Kopf. Auch bei Fischen lassen sich die Spuren eines dritten Auges auf der Oberseite des Kopfes erkennen. Wahrscheinlich hatten ihre Vorfahren eine Art Periskop, mit dem sie aus dem Wasser gucken konnten.

Einäugig und hirnlos

Das einzige Lebewesen mit nur einem Auge ist ein kleiner, primitiver Fisch. Er heißt wie der einäugige Riese der Sagenwelt Zyklop. Auch die Portugiesische Galeere, eine Quallenart, hat einen lichtempfindlichen Fleck, also eine Art Auge, jedoch kein Gehirn, das mit den optischen Eindrücken etwas anfangen könnte.

Die Kröten des Himalaja

Kröten sind Überlebenskünstler, wenn ihre Umgebung nur feucht genug ist. Gewöhnliche Kröten von ein und derselben Art wurden schon im Himalaja auf 8000 Meter Höhe und in Kohlenminen 1000 Meter unter der Erde gefunden.

Die Spinne mit dem Double

Die Spinnenart Cyclosa mulmeinensis webt in ihr Netz Knoten, die wie Spinnen aussehen. Das verwirrt spinnenfressende

Vögel, die ins Netz beißen wie in Zuckerwatte. Diesen Versuch wiederholen sie lieber nicht und lassen die anderen „Spinnen" im Netz zufrieden. Je mehr falsche Spinnen die echte Spinne in ihr Netz webt, desto größer ist also ihre Chance, eine Attacke zu überstehen.

Tiefschlaf bei Minusgraden

3,5 Grad Celsius Körpertemperatur maßen Zoologen bei einem Hamster im Winterschlaf. Das sind drei Grad unter Kühlschranktemperatur. Eine Haselmaus im Winterschlaf sieht wie eine harte, pelzige Kugel aus. Sie ist so kalt und starr und schläft so tief, dass man sie wie eine dicke Murmel durch die Gegend rollen kann. Ihr Herzschlag sinkt von 300 Schlägen in der Minute auf acht Herzschläge, und die Gehirnströme sind so schwach, dass sie nicht mehr gemessen werden können. Fledermäuse im Winterschlaf können bisweilen sogar einfrieren, ohne daran zu sterben.

Auch wechselwarme Tiere wie manche Fische halten leichte Minusgrade aus. Sie stecken unbeweglich im Eis, das sie gegen noch tiefere Temperaturen isoliert, und tauen im Frühjahr wieder auf.

Die Algen im Faulpelz

Faultiere haben eine Höchstgeschwindigkeit von 0,2 Kilometer pro Stunde. Sie sind so langsam, dass sich in ihrem Pelz

Algen ansiedeln. Bei Trockenheit färben sich die Algen gelb, bei feuchter Witterung grün. In den Kronen von Dschungelbäumen sind die Faultiere daher kaum zu erkennen.

Seekranke Seevögel mit Triefnase

Albatrosse sind die tüchtigsten Segler der Tierwelt und können ohne Flügelschlag über dem Wasser schweben. Sie nützen den leichten Wind aus, der über Wellen entsteht. Schon ein Luftzug von 25 Kilometer pro Stunde Windgeschwindigkeit kann von sanft geneigten Wellenbergen so abgelenkt werden, dass es den knapp über dem Wasser schwebenden Albatros 20 Meter hoch drückt. Die Albatrosse müssen dabei keinen Flügel rühren. Sie verbringen so praktisch ihr ganzes Leben in der Luft über den Meeren.

Manchmal werden sie von Seeleuten durch Köder an Bord eines Schiffes gelockt und gefangen. Dort werden die Seevögel sofort seekrank.

Und noch eine bemerkenswerte Eigenschaft haben Albatrosse: Weil sie salziges Meerwasser trinken, läuft ihnen ständig die Nase. Das überschüssige Salz wird durch zwei Drüsen oberhalb des Schnabels ausgeschieden. Die salzige Flüssigkeit läuft den Schnabel hinunter und tropft von der Schnabelspitze ab.

Kronosaurus, Krokodil der Kreidezeit

Das seltsamste und furchtbarste Meeresungeheuer der Kreidezeit war der Kronosaurus. Dieses Meeresreptil hatte einen Kopf wie ein Krokodil, einen Körper wie eine Robbe und einen Fischschwanz. Es war 9 Meter lang. Der Kronosaurus starb vor 65 Millionen Jahren aus.

Quirlige Quastenflosser

Bei manchen Urfischen reichten die Knochen und Muskeln in die Flossen selbst hinein. Mit dieser Art von beweglichen Quastenflossen konnten die Tiere nicht nur im Wasser herumpaddeln, sondern auch auf dem Land herumkrabbeln. Außerdem hatten die Quastenflosser Lungen. Sie waren wohl die ersten Wirbeltiere, die sich auf das Land wagten. Aus ihnen wurden die Amphibientiere, die im Wasser und auf dem Land leben können.

Tiere mit Rückgrat

Die ersten Fische unterschieden sich grundlegend von anderen Meerestieren. Diese Fische hatten einen Schädel, in dem das winzige Gehirn ziemlich geschützt lag. Und sie hatten eine Wirbelsäule, in der die Nerven verliefen und die dem Körper eine Stütze verlieh. Die ersten Fische schwammen vor 500 Millionen Jahren durch die Meere. Sie hatten noch keine

Kiefer, sondern saugten Wasser und Nahrung durch die Mundlöcher ihrer gepanzerten Köpfe ein.
Zu den engsten Verwandten der ersten Fische gehört auch ein berüchtigter Beißer wie der Weiße Hai.
Die unmittelbaren Vorfahren der Fische gibt es heute noch. Die Lanzettfischchen haben weder Kopf noch Kiefer noch Rückgrat. Aber immerhin haben sie schon Kiemen, einen Nervenstrang am Rücken und eine Schwanzflosse.

Der Sprung über den Kirchturm

Flöhe können etwa einen halben Meter senkrecht hochhüpfen. Das ist glatt das 80-fache ihrer Körperlänge. Wenn ein Mensch eine vergleichbare Sprungleistung hätte, wäre er mühelos in der Lage, über den nächsten Kirchturm zu hüpfen.
Viele Flöhe tragen den Erreger der Beulenpest in sich. Auf dem Weg über flohbefallene Ratten wurde die verheerende Seuche immer wieder auf Menschen übertragen.
Doch erst vor 200 Jahren konnten Flöhe als Ursache ausgemacht werden: Man hängte dazu einen Käfig mit gesunden Meerschweinchen in einen Käfig, auf dessen Boden Ratten lebten. Solange der Käfig höher hing als die Sprunghöhe der auf den Ratten hausenden Flöhe, blieben die Meerschweinchen gesund.
Als man den Käfig mit den Meerschweinchen dann aber tiefer senkte, sodass die Flöhe von den Ratten auf die Meerschweinchen springen konnten, erkrankten diese plötzlich an der Beulenpest.

Die Libelle mit der Flügelspannweite einer Möwe

Die größte Libelle aller Zeiten war ungefähr so groß wie eine Möwe. Meganeura, so ihr Name, hatte eine Flügelspannweite von 70 Zentimetern. Dieses Insekt lebte vor etwa 300 Millionen Jahren. Dass es noch riesigere Libellen gegeben hat, ist nicht wahrscheinlich. Insekten haben ja kein inneres Skelett und damit auch keine inneren Verstrebungen, die größere Flügel hätten stützen können.

Entstanden Knochen aus Salz?

Die allerersten Tiere hatten keine Knochen, Schalen oder andere harte Bestandteile. Sie lebten im Meer. Meerwasser enthält jede Menge aufgelöste Kalksalze. Als der Salzgehalt der Meere im Laufe von Millionen Jahren stieg, erhöhte sich auch der Kalkanteil. Immer häufiger kristallisierten sich die Kalksalze im Inneren der Tiere. Aus diesen ersten festen Teilen entwickelten sich möglicherweise die Schalen und später die Skelettknochen der Tiere.

Die starken Scheren des Seeskorpions

Einer der fürchterlichsten Unterwasserjäger aller Zeiten war Pterygotus. Er war eine Art Seeskorpion, der über zwei Meter lang wurde und vor 400 Millionen Jahren die Meere unsicher machte. Er packte seine Opfer mit starken Scheren. Einer seiner Verwandten, der Skorpion Paläophonus, war vielleicht das erste Tier, das an Land kroch und durch Lungen Luft atmete.

Dicke Haut und doch empfindlich

Elefantenhaut ist bis zu drei Zentimeter dick, zugleich aber unglaublich empfindlich. Elefanten spüren jede Fliege, die sich auf ihnen niederlässt. Diese Dickhäuter sind also in Wirklichkeit sehr sensibel. Noch dicker als Elefantenhaut ist die Haut von Flusspferden: etwa vier Zentimeter. Die Haut eines erwachsenen Flusspferdes kann eine halbe Tonne wiegen. Das ist fast ein Viertel des Gesamtgewichts.

Höchstleistungen

Stillstand ohne Stock

Akshintala Seshu Babu ist Weltmeister im Nichtstun. Genau 30 Stunden und 12 Minuten stand der Inder absolut bewegungslos herum. Gestützt auf einen Stock schaffte es Akshinta Seshu Babu sogar, mehr als 35 Stunden still zu stehen.

Gar nicht gestelzt!

Dass man mit Stelzen auch erstaunlich schnell unterwegs sein kann, bewies 1980 ein Japaner: Er schaffte 100 Meter in 14,15 Sekunden und ist damit Rekordhalter. Schnellster Langstreckenläufer auf Stelzen war ein Franzose: Er legte 1892 in 42 Minuten eine Entfernung von acht Kilometern zurück und erzielte dabei eine Durchschnittsgeschwindigkeit von 11,42 Kilometer pro Stunde. Die längste Strecke, die je auf Stelzen zurückgelegt wurde, beträgt 4804 Kilometer und wurde 1980 von einem Amerikaner bewältigt.

Kraftakt auf rohen Eiern

Eine Übung, die Kraft und Behutsamkeit auf geradezu ideale Weise verbindet, sind Liegestütze auf rohen Eiern! Ein österreichischer Skilehrer trainiert bereits seit Jahren intensiv in dieser Disziplin. Dabei müssen die Liegestütze mit gespreizten Fingern gemacht werden, damit die Handflächen den

Boden nicht berühren. Zwischen Boden und Handflächen befindet sich in jeder Hand ein senkrecht gehaltenes rohes Ei. Der Rekord des Österreichers liegt inzwischen bei 101 Liegestütze, ohne dass ein einziges Ei zu Bruch gegangen wäre.

Das Leben ist ein Drahtseilakt

Den Dauerrekord im Leben auf dem Seil stellte 1973 ein Franzose auf: Er verbrachte nicht weniger als 185 Tage ohne Unterbrechung auf einem 120 Meter langen Seil. Dieses war in einer Höhe von 25 Metern über einem Supermarkt gespannt.
Das Erstaunlichste an dieser Spitzenleistung ist wohl die Fähigkeit des Akrobaten, auch auf dem Seil zu schlafen. Um sich fit zu halten, ging der Mann während seines Seilrekordes etwa 500 Kilometer auf und ab.

Handfest oder gut zu Fuß?

Die größte Ausdauer im Auf-Händen-Gehen bewies ein Österreicher bereits im Jahre 1900: In nur 55 Tagen schaffte er die Strecke Wien – Paris. Das sind 1400 Kilometer! Dabei war er täglich zehn Stunden auf den Händen unterwegs und erzielte eine Durchschnittsgeschwindigkeit von 2,54 Kilometer pro Stunde.
Im Jahre 1986 schaffte ein südkoreanischer „Handgeher" die 50-Meter-Sprintstrecke in nur 17,44 Sekunden.

Weltrekord auf der Kriechspur

Beim Kriechen, so die Regel, muss stets mindestens ein Knie Bodenhaftung haben. Was viele nicht wissen: Diese Art der Fortbewegung kann man auch als ernsthaften Sport betreiben. Bisheriger Meister im Kriechen ist ein Engländer: Er legte 1988 auf einem 2,41 Kilometer langen Kurs nicht weniger als 19 Runden zurück. Dazu musste er neuneinhalb Stunden ununterbrochen kriechen.
Wenn es allerdings um die zurückgelegte Strecke geht, ist ein Inder der Rekordhalter: Der sportliche Dauerkriecher legte eine Entfernung von 1400 Kilometern zurück. Als er im März 1985 sein Ziel erreichte, war er 15 Monate lang gekrochen!

Die größte Brieftasche der Welt

Ein Amerikaner legte sich nicht weniger als 1212 verschiedene Kreditkarten zu. Diese „eiserne Reserve" trägt der Mann stets bei sich. Aufbewahrt werden die Karten in der größten Brieftasche der Welt. Sie ist in ausgeklapptem Zustand über 76 Meter lang und wiegt fast 16 Kilogramm.

Ein großspuriger Parksünder

Die Größe des Autos, mit dem ein Franzose gegen die Parkvorschriften gesündigt hatte, ist nicht bekannt. Dafür erregte die Größe des Schecks, mit dem er seine Geldstrafe fürs

Falschparken begleichen wollte, umso mehr Aufsehen: Der Scheck war sieben Meter lang und über einen Meter breit! Dennoch erfüllte das Papier alle Voraussetzungen, um von der Bank bearbeitet zu werden.

Ausgerechnet Bananen!

Der größte und üppigste Bananensplit aller Zeiten wurde in Pennsylvania (USA) zubereitet. Seine Zutaten: 33 000 Bananen, 9500 Liter Vanilleeis und 570 Liter flüssige Schokolade. Zum Abnehmen eignet sich die süße Köstlichkeit allerdings nicht besonders: Das Supereis hatte 52,75 Millionen Joule (oder 12,6 Millionen Kilokalorien)!

Eine noble Adresse

Den stolzen Preis von umgerechnet circa 50 Millionen Euro musste der neue Besitzer des teuersten Einfamilienhauses der Welt hinblättern. Das schmucke Häuschen liegt im Londoner Nobelviertel Regent's Park und bietet einen Wohnraum von 2400 Quadratmetern. Der Park, der das Haus umgibt, hat eine Größe von zwei Hektar.

Neben 40 normalen Zimmern verfügt das Gebäude auch noch über eigene Sporträume, eine Tennishalle, eine Bibliothek, einen Festsaal sowie eine ganze Reihe von Garagen. Und bewohnt wird das Riesenhaus tatsächlich von einer einzigen Familie!

So finster war es in New York nie wieder

Der wohl größte Stromausfall aller Zeiten ereignete sich im November 1977 in New York. In der Nacht brach durch einen technischen Defekt das gesamte Stromnetz der Stadt völlig zusammen.
Mit einem Schlag ging nicht nur alles Licht auf den Straßen und in den Wohnungen aus. Auch U-Bahnen und Eisenbahnen fuhren nicht mehr. Die Taxis waren hoffnungslos überlastet. Tausende Menschen verbrachten die Nacht in stecken gebliebenen, finsteren Fahrstühlen. In den Kühlschränken und Eistruhen tauten die Lebensmittel auf. Fernseher funktionierten nicht, sodass viele New Yorker, die keine Transistorradios hatten, nicht wussten, wie ihnen geschah. Natürlich funktionierten auch die Alarmanlagen von Geschäften nicht, und die Polizei war vollkommen überfordert.
Biedere Bürger verwandelten sich in Plünderer, die Fensterscheiben von Läden einschlugen und zusammenrafften, was ihnen in die Hände kam. Insgesamt war die Verbrechensrate in dieser denkwürdigen Nacht so hoch wie noch nie zuvor.

Hunde mit Zugkraft

Huskys, die traditionellen Schlittenhunde arktischer Gebiete, sind im Verhältnis zum Körpergewicht die kräftigsten Zugtiere, die es gibt. Die US-Armee hat herausgefunden, dass ein aus 73 Hunden bestehendes Team mühelos einen Zehn-Tonnen-Lastwagen ziehen könnte.

Da macht's die Milch!

65 Kilometer weit ohne jede Unterbrechung marschierte im März 1990 ein Inder mit einer vollen Milchflasche auf dem Kopf. Dabei handelt es sich nicht nur um eine Bestleistung, sondern auch um eine Einzelleistung: Der Flaschenrekordler fand keine Konkurrenten für seine sonderbare Disziplin.

Ein toller Käfer auf Rekordjagd

Das am häufigsten produzierte Auto ist der VW-Käfer. Im Februar 1972 wurde der 15 007 034. Käfer fertiggestellt. Damit hat er den bisherigen Rekord für die längste Autoproduktionsserie gebrochen. Den hielt das amerikanische Ford-T-Modell, von dem bis 1923 15 007 033 Stück produziert worden waren.
Erst 2003 wurde die Käfer-Produktion eingestellt. Insgesamt fuhren mehr als 22 Millionen Käfer vom Band.

Stets voran im Rückwärtsgang

Seinen eigenen Rekord im Fahrrad-Rückwärtsfahren konnte ein Schweizer verbessern: Er fuhr insgesamt 30 Mal in einem St. Gallener Autotunnel hin und her und legte dabei eine Strecke von über 60 Kilometern zurück.
Dabei war der Rekordradler nicht nur stets rückwärts unterwegs, sondern spielte während der Fahrt auch noch Geige. Die

staunenden Zuschauer konnten sich an Violinsonaten von Johann Sebastian Bach erfreuen. Gedauert hat das eigenwillige Tunnelkonzert fünf Stunden und acht Minuten.

Teures Traumschiff

Die teuerste Hochseejacht der Welt gehört dem Kronprinzen von Dubai, Scheich Mohammed bin Rashid al-Maktoum.
Die 162 Meter lange Jacht wurde von der deutschen Werft Blohm & Voss gebaut und kostete 300 Millionen US-Dollar.

Man muss das Kind beim Namen nennen!

Da sich die Eltern eines englischen Mädchens einfach nicht entscheiden konnten, welcher Name wohl der passendste für ihre Tochter sei, gaben sie dem Kind kurzerhand alle Namen, die ihnen gut gefielen. Da kam einiges zusammen. Schließlich wurden beim Standesamt nicht weniger als 140 Namen für das Mädchen registriert.

Mit fliegenden Fahnen zum Rekord

Viel Wind machte die Fahnenschwenker-Gruppe Lohausen anlässlich ihres zehnjährigen Vereinsjubiläums. Um den runden Geburtstag würdig zu begehen, entschlossen sich die

Fahnenschwenker, den bestehenden Rekord zu überbieten: Zwölf Vereinsmitglieder schwenkten genau 30 Stunden lang ihre Fahnen!

Die Bibel auf dem Holzweg

Ein amerikanischer Tischler hat eine überdimensionale Bibel aus Holz gebaut. Die 8048 Seiten dieser Riesenbibel sind meterhoch und bestehen aus sehr dünnen Holzfurnieren. Das Buch ist zweieinhalb Meter dick und bringt stolze 500 Kilogramm auf die Waage.
Das Gegenstück zu dieser Riesenbibel entstand in einer englischen Druckerei. Diese Heilige Schrift ist so klein wie eine Zündholzschachtel und wiegt ganze 20 Gramm. Ihre 878 Seiten haben ein Format von viereinhalb mal drei Zentimetern. Damit sind die Buchstaben so winzig, dass man ohne Lupe kein einziges Wort lesen kann.

Kennen Sie den?

Jemandem beim Witzeerzählen zuzuhören, ist bestimmt eine lustige Sache. Allerdings kann man es auch übertreiben. Das tat der Weltmeister im Witzeerzählen: Der Amerikaner gab 48 Stunden lang ununterbrochen Witze zum Besten. Sogar eine halbstündige Zugabe wurde noch dargeboten. Der Witzeweltmeister hatte allerdings ein Einsehen mit seinem Publikum: Es durfte kommen und gehen, wann es wollte.

Heiße Luft – rekordverdächtig

Ganz erstaunliche Rekorde wurden mit Heißluftballons erzielt. Am 26. November 2005 erreichte der Inder Dr. Vijaypat Singhania mit seinem Ballon eine Höhe von 21 291 Metern. So hoch fliegt nicht einmal ein Jumbojet. Bei der ersten Atlantiküberquerung mit einem Heißluftballon wurden Geschwindigkeiten von über 210 Kilometer pro Stunde gemessen. Noch erstaunlichere Leistungen sind jedoch mit Ballons möglich, die mit Helium gefüllt sind: Im Jahr 1961 stiegen zwei Amerikaner mit ihrem Gefährt bis in eine Höhe von 34 688 Metern auf! Der Rekord wurde noch nie gebrochen!

Der Kampf um ein federleichtes Leichtgewicht

Marion Chapman war das leichteste Baby der Welt und wog bei der Geburt nur 280 Gramm. Mit diesem Gewicht galt die kleine Amerikanerin als hoffnungsloser Fall. Die Ärzte ihres Krankenhauses waren jedoch entschlossen, ihr Leben zu retten. Und sie schafften es. Weil das Kind zum Saugen einfach viel zu schwach war, wurde es mit einer Füllfeder gefüttert.

Aber bitte mit Sahne!

Den längsten Apfelstrudel der Welt stellten viele fleißige Hände in der Tourismusschule Bad Leonfelden her. Die Länge der süßen Köstlichkeit betrug insgesamt 437,1 Meter! Zur Herstellung des Riesenkuchens wurden unter anderem 140 Kilogramm Mehl, 1312 Kilogramm Äpfel, 100 Kilogramm Semmelbrösel, 30 Liter Rum und 12 Kilogramm Puderzucker verarbeitet.

Sammelwut und Artenschutz

Sein ausgefallenes Hobby brachte einen Engländer nun vor Gericht: Der Werkzeugschlosser sammelt Vogeleier. Als man auf seinem Dachboden 26 000 Eier entdeckte, die zu einem Großteil von artengeschützten Tieren stammen, bekam der sammelwütige Eierfan Schwierigkeiten mit der Justiz. Nun droht dem Sammler eine saftige Geldstrafe.

Unglaubliche Unterwasser-Radler

Alles andere als alltäglich war gewiss das Ziel, das sich der Schwimmklub der schwedischen Stadt Lindome gesetzt hatte: Sie wollten den Weltrekord im Unterwasser-Radfahren aufstellen.

Mit viel Kondition, Ausdauer und 400 000 Liter Pressluft gelang das Spektakel: Auf einem Spezialfahrrad radelten die Sportler 155 Stunden lang auf dem Boden eines Swimmingpools auf und ab und legten die Rekordstrecke von 248 Kilometern zurück.

Die Kalorienbombe aus Kempten

Das größte Käseomelett Europas wurde in Kempten von mehreren Profiköchen in einer 2,5 Meter großen Pfanne zubereitet. Als Zutaten wurden verwendet: 40 Kilogramm Butter und Schmalz, 120 Kilogramm Käse, ein Berg Kartoffeln und nicht weniger als 3000 Eier! Zumindest von der Größe her hätte zu diesem deftigen Essen einer der größten Knödel der Welt gut gepasst: Er wurde von Jungköchen aus dem Grödnertal fabriziert und wog stolze 770 Kilogramm!

Ein Traum in Marmor

Im größten Palast der Welt wohnt auch der reichste Mann der Welt: der Herrscher von Brunei. Dieses Riesenhaus hat 18 Fahrstühle, 44 Treppenhäuser, 1788 Räume und eine Gesamtwohnfläche von etwa 20 Hektar. Als Baumaterial fanden unter anderem 38 verschiedene Marmorsorten sowie Kacheln aus purem Gold Verwendung.

Bibel bleibt Bestseller-Buch

Das meistverbreitete Buch der Welt ist die Bibel. Vollständig übersetzt wurde dieses „Buch der Bücher“ in 314 Sprachen. Teile der Bibel sind in 2377 verschiedenen Sprachen erschienen. Zwischen 1815 und 1975 wurden von der Bibel schätzungsweise 2,5 Milliarden Exemplare gedruckt.

Ein ausgesprochener Buchhit ist auch die sogenannte „Rote Bibel", die „Worte des Vorsitzenden Mao Tse-tung". Diese Schrift soll zwischen 1966 und 1971 ungefähr 800 Millionen Mal gedruckt worden sein.
Platz drei der Bestsellerliste wird wiederum von einem religiösen Werk eingenommen, nämlich vom Handbuch der Zeugen Jehovas. Dieses Buch mit dem deutschen Titel „Die Wahrheit, die zu ewigem Leben führt" erschien bis 1990 in über 106 Millionen Exemplaren.

Der Sofortbild-Zeichenblock

Zwei Vorteile – Geschwindigkeit und persönliche Note – vereint der Weltrekordhalter im Schnellporträtieren: Innerhalb von zwei Stunden und 51 Minuten hat er nicht weniger als 164 Personen auf seinen Zeichenblock gebannt! Und was neben der Geschwindigkeit mindestens ebenso wichtig war: Alle Porträtierten erkannten sich wieder und waren von ihrem Bild ausgesprochen angetan.

Luther, Reagan, Al Capone

Nicht weniger als umgerechnet 421 000 Euro wurden 1986 beim New Yorker Auktionshaus Sotheby's für einen einzigen Brief bezahlt. Es handelte sich um ein Schreiben von Thomas Jefferson aus dem Jahr 1818, in dem Vorurteile gegenüber Juden missbilligt werden.

Immerhin noch gut 80 000 Euro erzielte ein Brief von Martin Luther 1983 auf einer Auktion in Deutschland.
Und im Jahre 2004 ging ein zweiseitiger Brief des Nirvana-Sängers Kurt Cobain an Courtney Love für 19 000 US-Dollar an einen Käufer.
Deutlich weniger wert sind Briefe von anderen Prominenten. Eine Handschrift von Ronald Reagan mit 12 500 US-Dollar.
Noch schlechter steht's offenbar mit der Wertschätzung für Gauner: Ein signiertes Porträt des legendären Gangsters Al Capone wechselte 1982 für nur 4250 US-Dollar den Besitzer.

Haste Puste!

Im Jahr 1959 stieg ein amerikanischer Elektrotechniker in den Swimmingpool, tauchte unter und hielt es unter Wasser über 13 Minuten lang aus – ohne jegliche technische Hilfsmittel.
Zuvor hatte der Mann allerdings sozusagen im Voraus geatmet: Er hatte 30 Minuten lang mit Sauerstoff hyperventiliert, das heißt übermäßig stark geatmet. Dadurch hatte sich in seinem Körper so viel Sauerstoff angesammelt, dass er den Rekordversuch überlebte.

Bis die Tasten glühen

Durch nichts beirren ließ sich der englische Romanschriftsteller John Creasey: Auch nach 743 Ablehnungen seiner Werke durch Verlage schrieb der Autor unverdrossen weiter.

Die Beharrlichkeit zahlte sich aus: Creasey schrieb und veröffentlichte bis zu seinem Tod im Jahr 1973 nicht weniger als 564 Bücher.

Briefe an die Redaktion

Der eifrigste Leserbriefschreiber aller Zeiten war ein Engländer: Bis zum Jahre 1990 schaffte er es, in einer einzigen Zeitung (der Londoner „Times") nicht weniger als 124 Beiträge unterzubringen.

Der längste Leserbrief, der je geschrieben und gedruckt wurde, bestand übrigens aus genau 25 513 Wörtern. Er wurde in acht Fortsetzungen in der „Upper Dauphin Sentinel" in Pennsylvania (USA) abgedruckt.

Ein Mann, ein Wortschwall

Als Meister im Hochgeschwindigkeitssprechen gilt ein kanadischer Rundfunkreporter, der in den 40er-Jahren Sportereignisse rasend schnell kommentierte. Dabei schaffte er eine Geschwindigkeit von an die 300 Wörter in der Minute.

Die beste Einzelleistung im Schnellreden erbrachte aber ein britischer Kommentator. Beim Bericht über ein besonders spannendes Rennen sprudelte er einmal in einer halben Minute 176 Wörter hervor.

Der Mann mit dem Geld im Blut

Ein Amerikaner entdeckte, dass sein Blut den größten bisher bekannten Anteil an Anti-Lewis B hatte. Anti-Lewis B ist ein außerordentlich seltener Blutantikörper. Eine Firma für biologische Präparate zahlte dem stolzen Besitzer des wertvollen Blutes 1500 Dollar pro Liter.

Zu heiß gebadet!

An einem Tag mit 32,2 Grad Celsius Lufttemperatur wurde 1980 in Atlanta (USA) ein Patient ins Krankenhaus eingeliefert, der die bisher höchste gemessene Körpertemperatur aufwies: Er hatte nach einem Hitzschlag eine Temperatur von 46,5 Grad Celsius. Nach etwas mehr als drei Wochen Krankenhausaufenthalt konnte der Mann wieder gesund entlassen werden.

Das wandelnde Telefonbuch

Über ein unglaubliches Gedächtnis verfügt ein Chinese: Er kann sich insgesamt 15 000 Telefonnummern merken. Die Wissenschaft spricht in diesem Fall von einem eidetischen Gedächtnis. Das ist die Fähigkeit, bildliche Informationen quasi wie Fotos im Gedächtnis zu speichern. Wenn einzelne Daten dann benötigt werden, können sie sozusagen von den Fotos im Kopf direkt abgelesen werden. Das sogenannte eide-

tische Gedächtnis ist allerdings eine sehr seltene menschliche Fähigkeit.
Über ein ebenfalls beachtliches Merkvermögen verfügt ein deutscher Gedächtniskünstler: Bei Veranstaltungen merkt er sich die Vornamen der Anwesenden. Was die Aufgabe wesentlich erschwert, ist, dass die Personen auch noch ihre Plätze wechseln dürfen. Bisheriger Rekord des Mannes: Er sprach 320 Menschen mit ihrem richtigen Vornamen an.

Mitteilungen aus internationalen Baumschulen

Der höchste Baum Deutschlands steht in Hessen und überragt mit seinen 53 Metern deutlich alle übrigen Bäume im Land. Gegenüber amerikanischen Superbäumen nimmt sich der deutsche Rekordhalter allerdings ziemlich klein aus.
Der Baum mit dem dicksten Stamm der Welt ist eine Montezumazypresse in Mexiko. In einer Höhe von 1,50 Meter hat dieser Riesenbaum einen Umfang von 58 Metern!
Der mächstigste Baum der Welt, der „General Sherman Tree", hat einen Umfang von 31 Metern und erreicht eine Höhe von 84 Metern. Noch höher ist der „Stratosphere Giant", ein Mammutbaum in Kalifornien. Er bringt es auf eine Länge von 112,34 Metern.
Der älteste Baum in Deutschland ist eine Eibe und steht im Allgäu. Sein Alter wird auf 2000 Jahre geschätzt.
Der älteste Baum der Welt steht jedoch in Japan. Er ist knapp 7000 Jahre alt.

Den ältesten versteinerten Baum hat man in Österreich entdeckt. Sein Alter wird auf zwei bis fünf Millionen Jahre geschätzt.

Ein Modellflugzeug in schwindelerregender Höhe

Auf die unglaubliche Höhe von 8200 Metern brachte ein Amerikaner sein Modellflugzeug. Das ist fast die Höhe des höchsten Berges der Welt! Den Geschwindigkeitsrekord für Modellflugzeuge stellte ein Russe auf. Sein Miniflugzeug erzielte eine Geschwindigkeit von 344 Kilometer pro Stunde.

Eine Bambusstange und kein Ende

Bambus ist eine Grassorte mit einigen ganz ungewöhnlichen Eigenschaften. Zunächst einmal ist Bambus das einzige Gras, bei dem die Blätter auf Stielen wachsen. Zudem können Bambusstangen unglaublich lang werden. 40 Meter und mehr sind keine Seltenheit.

Schließlich sind die Bambusstämme derart stabil, dass sie sich hervorragend zum Herstellen von Baugerüsten eignen. Zudem wächst Bambus verblüffend schnell – bis zu einem Meter am Tag.

Wenn's ihm zu gut geht, begibt sich der Motorradfahrer in die Luft

Ein französischer Stuntman, Alain Prieur, sprang mit seinem Motorrad von der Olympia-Skischanze in Grenoble (Frankreich) und flog 84,30 Meter weit. Damit schaffte er den Weltrekord.
Der Amerikaner Dozg Danger flog mit seinem Motorrad über 38 Chevrolets hinweg.

Vom Winde verweht

Der größte Kaktus der Welt war ein Saguaro. Er stand in Arizona (USA) und erreichte eine Höhe von 24 Metern. Normalerweise wird diese Kakteenart 12 bis 15 Meter hoch. Zu besichtigen ist die Wunderpflanze allerdings nicht mehr. Im Jahr 1986 wurde sie leider von einem fürchterlichen Sturm hinweggefegt.

Ein Fußballspiel in sieben Minuten!

Als im Jahr 1894 die Fußballmannschaften „Falke Krakau" und „Falke Lemberg" gegeneinander antraten, dauerte ihr Spiel nur ganze sieben Minuten. Der Grund dafür war die Regel, auf die sich zuvor die Mannschaftsführer geeinigt hatten. Sieger sollte jene Mannschaft sein, die das erste Tor schoss.

Nach diesem kürzesten Fußballspiel aller Zeiten wurden die Regeln aber auch in den beiden damals österreichischen Städten schnell vereinheitlicht.

Der Raub der Puppen

Der größte Puppenraub aller Zeiten ereignete sich im November 1992 in Kalifornien. Aus dem Haus eines Sammlers wurden 5000 Puppen gestohlen. Dann zündeten die Verbrecher das Haus an. Die gestohlenen Puppen repräsentierten einen Sammlerwert von 750 000 Euro. Der Besitzer hatte seit Jahrzehnten alles gesammelt, was unter dem Markennamen einer bestimmten Puppenfirma auf den Markt gekommen war.
Danach war der Sammler völlig ruiniert. Er hatte nur für seine Puppen gearbeitet und konnte sich nicht einmal eine Versicherung für seine wertvolle Sammlung leisten.

Die schnellste K.-o.-Niederlage

Tatsächlich nur eine halbe Sekunde brauchte der Boxprofi Al Couture am 26. September 1946, um seinen Gegner Ralph Walton k. o. zu schlagen. Als der Gong zur ersten Runde ertönte, saß Walton noch in seiner Ecke, um sich den Mundschutz zurechtzurücken. Couture stürzte sich blitzschnell auf seinen Gegner und streckte ihn mit einem einzigen Schlag zu Boden. Der überrumpelte Walton kam nicht mehr auf die Beine und verlor so den Kampf.

In 165 Tagen um die Erde

Im Jahr 1908 fand das erste Autorennen „rund um die Welt“ statt. Die tollkühnen Männer in ihren Klapperkisten durchquerten zuerst den amerikanischen Kontinent von Ost nach West. Dann ging es per Schiff in den russischen Fernosthafen Wladiwostok. Weiter fuhren die Teilnehmer durch Sibirien nach St. Petersburg und schließlich über Berlin nach Paris. Die Reise dauerte 165 Tage. Der Sieger Hans Koeppen fuhr einen Wagen der Berliner Motorenfabrik PROTOS und legte durchschnittlich 90 Kilometer pro Tag zurück. Der Wagen steht heute im Deutschen Museum.

Appetit auf die Verpackung!

Neben der wiederverwendbaren und der Einwegverpackung gibt es seit 1989 auch eine essbare Verpackung. Das Prinzip dieser vom französischen Geologen Pierre Laurens erfundenen Verpackung besteht darin, als Behälter einen essbaren stärkehaltigen Stoff (wie zum Beispiel Reis, Gries oder Teigwaren) zu verwenden, der bei hoher Temperatur in eine Lebensmittelfolie gepresst und geformt wird. Als Müll fällt dann nur noch die dünne Folie an, die erst vom Käufer entfernt wird.

Unerhörte Blasmusik

Das längste Alphorn der Welt ist nicht weniger als 37 Meter lang und stammt aus einer Schweizer Werkstatt. 1988 wurde das Superhorn der Öffentlichkeit vorgestellt. Da dieses Instrument in seiner Länge verstellbar ist, kann man darauf jede beliebige Tonart spielen. Einen Nachteil hat dieses Alphorn allerdings schon: Die tiefsten Töne, die man darauf spielen kann, sind so tief, dass sie kein Mensch hören kann.

Der gute Stern von Hongkong

Der Mercedesstern auf dem 88 Meter hohen Europa-Center in Berlin ist mit seinen 10 Metern Durchmesser nicht nur die größte drehbare Neonreklame in Deutschland. Er hat es auch ansonsten in sich: Mithilfe eines Motors wird der 28 Tonnen schwere Stern bei Sturm automatisch in jene Position gebracht, die die geringste Angriffsfläche bietet.
Der größte Mercedesstern steht allerdings nicht in Deutschland, sondern in der Hafeneinfahrt von Hongkong. Sein Durchmesser beträgt 20 Meter.

Weit voran im Rückwärtsgang

Eine recht ungewöhnliche, aber doch ziemlich unsinnige Leistung erbrachten im Jahr 1930 zwei Amerikaner: Sie legten mit ihrem Ford, Baujahr 1929, die gesamte Strecke von New

York nach Los Angeles im Rückwärtsgang zurück. Das sind immerhin 5375 Kilometer! Während der ganzen Fahrt stellten die Rückwärtsrekordler den Motor kein einziges Mal ab. Die Heimfahrt wurde – Ehrensache! – wieder im Rückwärtsgang bewältigt. Zu Hause angekommen, hatten die beiden Spaßvögel in 42 Tagen 11 555 Kilometer auf diese doch eher beschwerliche Art hinter sich gebracht.

Auf Weltreise im Wohnzimmer

Eine Reise um die ganze Welt kann ein leidenschaftlicher Sammler in Königswinter in seinem Wohnzimmer unternehmen: Er besitzt die größte private Ansichtskartensammlung. Mittlerweile nennt der Kartenkönig etwa 1 250 000 bunte Karten sein Eigen. Die Karten füllen einen großen Raum, in dem sich die Bilder aus allen Erdteilen schon bis unter die fast drei Meter hohe Decke stapeln.

Bitte niemanden über diese Klinge springen lassen!

Das größte Brotmesser der Welt wurde von zwei Österreichern angefertigt. Es eignet sich zweifellos hervorragend zur Zubereitung einer zünftigen Brotzeit. Aber Vorsicht ist beim Umgang mit diesem Riesenmesser schon geboten: Das Werkzeug zum Brotschneiden ist über 3,5 Meter lang, wiegt an die 100 Kilogramm und hat eine 1,4 Meter lange Klinge!

Kaum zu glauben!

Der Eiffelturm von seiner Schokoladenseite

Einen besonderen Werbegag ließ sich ein Hotel in Singapur anlässlich des 100. Geburtstages des Eiffelturms einfallen: Es wurde ein 7,2 Meter hohes und 1,6 Tonnen schweres Modell des Pariser Wahrzeichens aufgestellt. Mit der Herstellung der Turmkopie waren fünf Spezialisten vier Wochen lang beschäftigt.
Zu viel Sonne vertrug der Eiffelturm von Singapur allerdings nicht: Er bestand ausschließlich aus massiver Schokolade!

Bis zur Schallmauer?

Eine recht ausgefallene Tätigkeit hat sich ein Engländer zu seinem Hobby erkoren, denn er zieht Flugzeuge. Bisherige Bestleistung des eigenwilligen Gewichthebers: Im Juni 1987 zog er auf dem Londoner Flughafen Heathrow eine 100 Tonnen schwere „Concorde" eigenhändig und ohne jede fremde Hilfe über zwölf Meter weit auf dem Rollfeld.

Hat jemand den Schlüssel gesehen?

Nichts für Leute mit schwachen Nerven ist das Kunststück, das 1988 ein deutscher Staatsbürger in Innsbruck einem staunenden Publikum vorführte: Der Magier Hans Moretti ließ sich mit einer 30 Meter langen Stahlkette fesseln, die mit 175 Sicherheits-Schnappschlössern, 15 Handschellen und drei

Fußschellen verschlossen wurde. Zusätzlich wurden ihm die Augen mit Watte, Heftpflaster und einer Augenbinde verklebt. Dann ließ sich der so Gefesselte an einem sechs Meter langen, brennenden Hanfseil mit dem Kopf nach unten von einem Hubschrauber in eine Höhe von 350 Metern fliegen. Hier befreite er sich von seinen Fesseln in einer Rekordzeit von nur 36,2 Sekunden.
Inzwischen schafft er es schneller: Er braucht am Seil hängend nur noch 20,15 Sekunden, um sich zu entfesseln.

Unscheinbar, doch heiß begehrt

Die teuersten Lebensmittel, die es gibt, sind Trüffel. Bei dieser begehrten Delikatesse handelt es sich um unscheinbare Schlauchpilze. Für ein Kilogramm weiße Trüffel muss man mit einem Preis von 5000 Euro rechnen!

Sie trägt die Haut zu Markte

Eine kanadische Tänzerin hat sich im Laufe der Zeit ein Hautkleid aus Tätowierungen anfertigen lassen. 95 Prozent ihres Körpers sind von eingeritzten Zeichnungen und Mustern bedeckt.
Gedauert hat die Herstellung dieses „Kleides" insgesamt zehn Jahre. Und billig war es auch nicht gerade: 15 000 kanadische Dollar hat die Tänzerin für ihren Körperschmuck zahlen müssen.

Au Backe!

Tätowierungen sind Muster oder Zeichnungen, die mit Farbstoffen in die Haut eingeritzt werden. Viele Menschen lassen sich an irgendeiner Körperstelle eine solche Tätowierung machen. Man kann es allerdings auch übertreiben! So hat sich zum Beispiel ein Engländer fast seinen ganzen Körper tätowieren lassen. Nur vier Prozent seiner Haut sind frei von Tätowierungen.
Damit ist der Mann extrem gesundheitsgefährdet. Er hat sich sogar an Körperstellen tätowieren lassen, die man normalerweise gar nicht sieht: auf der Zunge, auf dem Zahnfleisch und auf der Innenseite der Wange.

Trainingslager für Flugzeugentführungen

Am Londoner Flughafen werden von Psychologen Kurse ganz besonderer Art angeboten: Bei vorgetäuschten Flugzeugentführungen können sich die Teilnehmer auf echte Flugzeugentführungen seelisch vorbereiten.
Die Kunden werden einen ganzen Tag lang angeschrien, gestoßen und geschlagen und haben zudem striktes Rede- und Rauchverbot. Die Kurse kosten pro Person 300 Euro und sind fast immer ausgebucht.

Katastrophen made in Hollywood

Für die nächsten Jahre haben Wissenschaftler den Kaliforniern eine fürchterliche Erdbebenkatastrophe vorausgesagt. Wer nicht so lange warten will, kann das große Unglück aber auch schon heute erleben. In Hollywood gibt es für 19 Dollar eine Bahnfahrt durch einstürzende Schächte und einen explodierenden Bahnhof. Weiter im Programm sind Gastanks, die der Reihe nach in die Luft fliegen, und vieles andere, was eine Katastrophe so richtig schrecklich macht.

Kinovergnügen im Sarg

In Paris gibt es ein Kino, das sich auf die Vorführung von Horrorfilmen spezialisiert hat. Die letzte Reihe besteht aus Särgen, in denen es sich die Besucher gemütlich machen können. Die Logen sind voller Blutflecken, und als besondere Attraktion befinden sich unter einigen Stuhlreihen Totenschädel.

Der Bus war pünktlich

Fahrplanmäßige Busfahrten dauern bei uns in der Regel nicht sehr lange. Das ist in Australien anders. Hier wurde 1980 die Strecke von Perth nach Brisbane in den Fahrplan eines Verkehrsunternehmens aufgenommen.

Eine Busfahrt zwischen diesen beiden Städten dauert fast 76 Stunden und führt über 5455 Kilometer.

Ohrenbetäubender Lärm

Großer Lärm ist für den Menschen sehr gesundheitsschädlich. Gemessen wird die Lautstärke in Dezibel. Schädlicher Lärm entsteht zum Beispiel in Fabriken, wo Dauerbelastungen von 90 Dezibel keine Seltenheit sind. Rennautos machen einen Lärm, der 125 Dezibel entspricht.

Bei Rockkonzerten werden sogar 130 Dezibel erreicht. Da ist es nicht mehr weit zur kritischen 150-Dezibel-Marke: Anhaltender Lärm von dieser Lautstärke verursacht unheilbare Taubheit.

Bei über 192 Dezibel wird es lebensgefährlich: Diese Lautstärken können tödliche Schocks auslösen.

Die Einsamkeit der ersten Skilangläufer

Die ältesten Skier stammen aus den flachen, waldreichen Gebieten von Nordschweden. Man hat herausgefunden, dass sie 2500 Jahre alt sind.

In den Alpen waren bis vor 100 Jahren noch keine Skiläufer unterwegs. Für Wanderungen auf Skiern sind die alpinen Hänge einfach zu steil. Kein Einheimischer hatte Interesse daran, bloß zum Spaß die Berge hochzuklettern und wieder herunterzurutschen. Diese sonderbare Idee stammte von englischen Touristen, die sich um die Jahrhundertwende daraus ein Vergnügen gemacht hatten.

Ein Massensport wurde der Skilauf in den Alpen aber erst vor 60 Jahren, als die ersten Skilifte gebaut wurden. Zuvor war es den meisten Leuten zu anstrengend gewesen, die Hänge zu Fuß hochzuklettern. Eine Stunde Aufstieg wurde mit nur zwei Minuten schneller Abfahrt belohnt.

Schlafen im Schließfach

In manchen Hotels in Tokio (Japan) werden nicht Zimmer, sondern bloß Schlafkojen vermietet. Diese Schließfächer sind nur eineinhalb Meter hoch, eineinhalb Meter breit und zwei Meter tief. Wegen ihres vergleichsweise günstigen Preises sind diese Unterkünfte sehr beliebt und angeblich stets voll belegt.
Vielen japanischen Geschäftsleuten bleibt gar nichts anderes übrig, als in solchen Fächern zu übernachten, da die Hotelzimmer in Tokio sehr teuer sind.

Je später der Abend, desto kleiner der Mensch

Menschen werden tagsüber immer kleiner. Zum Glück wachsen sie über Nacht wieder: Am Morgen ist ein erwachsener Mensch um etwa zwei Zentimeter größer als am Abend. Durch das Herumgehen und Stehen während des Tages verlieren wir regelmäßig an Körpergröße. Nach einem besonders anstrengenden Tag auf den Beinen schrumpfen wir mitunter sogar um drei Zentimeter.

Glück auf Raten

Einen Lottogewinn von umgerechnet unglaublichen 55 Millionen Euro erzielten drei Amerikaner, deren Namen aus verständlichen Gründen geheim gehalten wurden. Da dieser Betrag selbst für die Lottogesellschaft ein etwas zu dicker Brocken gewesen wäre, wurde zwischen der Gesellschaft und den drei Glückspilzen Ratenzahlung vereinbart.

Sturm im Stillen Ozean

Der Pazifische Ozean heißt übersetzt „friedlicher" oder „stiller" Ozean. So nannte ihn der erste Europäer, der ihn 1520 befuhr und einige Wochen lang keinen Sturm erlebte. Also, schloss Ferdinand Magellan messerscharf, gibt es auf diesem Meer keine Stürme. Die Orkane kamen, der Name aber blieb. Auch der Name „Kanada" ist eigentlich völlig falsch. Als der französische Forschungsreisende Jacques Cartier in dem Land, das später Kanada genannt wurde, auf Ureinwohner traf, versuchte er, den Namen des Landes zu erfahren. Er deutete auf das Indianerdorf, und die Indianer antworteten, völlig richtig: „Kanada" – in ihrer Sprache das Wort für Dorf.

Strafporto nach 32 Jahren?

Eine Postkarte, die in einem Kurort im Schwarzwald aufgegeben worden war, brauchte volle 32 Jahre, um ihren Bestim-

mungsort Berlin zu erreichen. Die Urlaubsgrüße hatten sich verspätet, weil die Karte bei der Post hinter einen Schrank gefallen war und dort jahrzehntelang unentdeckt blieb.
Als die Postkarte endlich beim Empfänger gelandet war, musste dieser auch noch Strafporto zahlen: Die Karte war natürlich unterfrankiert, weil die Postgebühren vor drei Jahrzehnten doch noch etwas niedriger waren als heute.
Als sich der Kunde bei der Post darüber beschwerte, dass er nach einer 32-jährigen Verspätung jetzt auch noch Strafe zahlen sollte, wurde ihm das Strafporto allerdings anstandslos zurückerstattet.

Herr Schmidt heißt auf Chinesisch Chang

Etwa 75 Millionen Chinesen haben denselben Familiennamen, nämlich „Chang". Damit ist „Chang" der häufigste Name auf der Welt.
In den westlichen Ländern sind die „Schmiede" am häufigsten vertreten. Allerdings gibt es hier eine ganze Reihe von verschiedenen Schreibweisen, zum Beispiel „Schmied", „Schmidt", „Schmitt" und „Smith". Die jüngste Volkszählung in den USA ergab, dass etwa 2,3 Millionen Menschen auf den Namen „Smith" hören. An zweiter Stelle lagen die „Millers".

England, Land des Nebels – nur ein Gerücht!

England ist für sein sprichwörtlich schlechtes Wetter weltbekannt. Die meisten Nebeltage im Jahr gibt es aber erstaunlicherweise nicht in England, sondern in Neufundland: Hier ist jeder dritte Tag ein Nebeltag.

Der Schlaf des Autofahrers auf der Autobahn

Weil englische Ingenieure befürchtet hatten, Autofahrer würden auf langen, geraden Strecken allzu leicht einschlafen, bauten sie in ihre Autobahnen sanfte Kurven ein – auch dort, wo die Landschaft flach wie ein Bügelbrett war.
Die deutschen Autobahnen waren dagegen von Anfang an so gerade wie nur möglich. Und Deutschland ist auch das Land, das ohne generelle Geschwindigkeitsbegrenzung auf Autobahnen auskommt. Zum Vergleich: In den USA dürfen die Autos auf den Highways nur 60 Meilen pro Stunde schnell fahren – das sind ganze 96 Kilometer pro Stunde.

Rasende Rasenmäher

1989 fanden die ersten Europameisterschaften für Rasenmäher statt. Teilnahmeberechtigt waren aber nur selbstfahrende Rasenmäher. Ins Leben gerufen hat diesen außergewöhnlichen Sport ein ehemaliger Rallyefahrer. Inzwischen werden sogar Weltmeisterschaften ausgetragen. Mähen müssen die

Rennmäher während des Rennens übrigens nicht. Es geht ausschließlich um die erzielte Geschwindigkeit. Mithilfe von eingebauten Automotoren waren einige Rasenmäher mit bis zu 90 Kilometer pro Stunde unterwegs.

Babys mit Durchblick

Schon ein paar Sekunden nach ihrer Geburt können neugeborene Menschenkinder erkennen, woher ein Laut kommt. Sie versuchen, ihren Kopf in diese Richtung zu drehen. Zwölf Stunden später unterscheiden sie schon den Klang einer Stimme von jedem anderen Geräusch.
Das hat man herausgefunden, indem man sie filmte und den Film in Zeitlupe ablaufen ließ. Die Reaktionen der Babys auf menschliche Stimmen laufen nämlich so schnell ab, dass man sie normalerweise gar nicht bemerkt. Im Alter von 36 Stunden können Babys sogar schon den Gesichtsausdruck der Mutter nachahmen.
Versuchspersonen konnten in einem Test alleine am Gesicht des Babys erkennen, ob die Mutter des Babys freundlich lächelt oder ernst schaut.

Die Geldtapete in Beirut

Ein Bürger Beiruts hat sich seine Wohnung mit Banknoten tapeziert! Dies waren allerdings nicht, wie man meinen könnte, die teuersten Tapeten, sondern die billigsten: Nach einer Geldentwertung im Libanon war das Geld nur noch so wenig wert, dass die Banknoten im Quadratmeter billiger waren als handelsübliche Tapeten!

Mit Bach in den Tiefschlaf

Buchstäblich zum Einschlafen fanden die Teilnehmer eines Hypnose-Experiments die Musik von Johann Sebastian Bach: Ein französischer Hypnotiseur benutzte diese Musik, um die vier Testpersonen in den bisher längsten hypnotischen Tiefschlaf zu versetzen. Die drei Frauen und ein Mann schliefen 200 Stunden, also mehr als acht Tage lang. Während dieser Zeit wurden sie eine Woche lang künstlich ernährt.

Ein Tomatenbaum mit 10 000 Früchten

Ein sensationelles Ergebnis der Hydrokultur – das ist die Kultivierung von Pflanzen in einer Nährlösung anstatt auf natürlichem Boden – war 1986 in Japan zu bewundern: der Tomatenbaum. Er ist in der Lage, ohne Erde und ganz ohne Sonne innerhalb eines halben Jahres 10 000 Früchte zu produzieren.

Schneller als die Feuerwehr?

Ganz bestimmt schneller als normale Feuerwehrautos ist der „Chubb-Firefighter“. Bei Testfahrten erreichte dieses Löschfahrzeug eine Spitzengeschwindigkeit von über 210 Kilometer pro Stunde. Da würde es sich wohl auszahlen, einige Rennfahrer bei der Feuerwehr anzustellen!

Eine Schatzgrube aus Müll

Plastikmüll lässt sich deshalb so schwer wiederverwerten, weil es so viele verschiedene Substanzen gibt, die beim Recycling auch verschieden behandelt werden müssen. Und wie sollte man sie auch voneinander trennen können?
Eine Möglichkeit für die Zukunft bestünde darin, den verschiedenen Kunststoffen schon bei der Herstellung eigene „Spürstoffe" beizumischen. Auf diese Weise könnten in Zukunft Roboter-Maschinen mit feinen elektronischen „Nasen" den Müll automatisch sortieren.
Der gut durchmischte Plastikmüll von heute kann jedoch kaum wiederverwertet werden. Sollten wir ihn deshalb einlagern, anstatt ihn zu verbrennen oder gemeinsam mit anderem Müll zu verbuddeln? Manche Experten schlagen vor, Plastikmüll zunächst in gewaltigen Lagern zu deponieren.
In Österreich denkt man daran, auf einer Fläche von über 100 Quadratkilometern eine zwei Meter hohe Kunststoff-Deponie anzulegen. Das wäre dann eine Art Schatzgrube für unsere Nachkommen. Sie könnten aus dem Müll wieder Erdöl gewinnen und die Kunststoffe wieder in das Produkt zurückverwandeln, aus dem sie ursprünglich hergestellt wurden. Bei einigen wenigen Kunststoffen kann man das ja heute schon machen.

Orientierungslos im Bermudadreieck

Das gefährlichste Seegebiet der Welt ist das sogenannte Bermudadreieck im Atlantischen Ozean. Es befindet sich südwestlich der Bermudainseln und östlich von Florida. Zahlreichen Flugzeugen und Schiffen ist dieses geheimnisvolle Dreieck bereits zum Verhängnis geworden: Sie sind hier auf unerklärliche Weise wie vom Erdboden verschwunden. Selbst große Schiffe sind schon spurlos verloren gegangen. Überlebende Piloten und Kapitäne haben übereinstimmend berichtet, dass sie sich in diesem Meeresgebiet plötzlich nicht mehr orientieren konnten, weil ihre Instrumente auf einmal verrücktspielten.

Im Dienste der Gesundheit: das denkende WC

Eine japanische Firma hat das erste „denkende" WC vorgestellt. Schon der Name des neuartigen Klosystems hört sich vielversprechend an: „Asa Ichiban", was so viel heißt wie „das Erste am Morgen". Binnen weniger Sekunden liefert dieses intelligente WC dem Benutzer eine komplette Urinanalyse sowie die Blutdruck-, Herz- und Temperaturwerte.
Dank einer Direktverbindung zum Computer des nächsten Krankenhauses werden dem Benutzer sogleich auch praktische Verhaltenstipps für den bevorstehenden Tag gegeben.

Reinhold Messner und der Yeti

Immer wieder tauchen Berichte über den geheimnisvollen Schneemenschen Yeti auf. So berichteten der Bergsteiger Reinhold Messner und der englische Langstreckenläufer Anthony Wooldridge unabhängig voneinander, ihnen sei in abgelegenen Gebieten des Himalaja ein menschenähnliches, über zwei Meter großes Wesen begegnet.
Wooldridge konnte im Jahr 1986 sogar ein Foto schießen, auf dem die Umrisse einer dunklen Gestalt zu erkennen sind. Seine Geschichte wurde in der angesehenen Zeitung „New York Times" veröffentlicht. Auf einer schneebedeckten Ebene in mehr als 3000 Meter Seehöhe in Nordindien entdeckte Wooldridge Fußspuren, die zu einem Gebüsch führten.
„Hinter dem Gebüsch stand eine große, aufrechte Gestalt und blickte den Hang hinunter – etwa zwei Meter groß, breitbeinig, die rechte Schulter mir zugewandt. Der Kopf: groß und eckig. Der ganze Körper schien mit dunklen Haaren bedeckt zu sein, obwohl der Oberarm etwas heller wirkte."
Reinhold Messner glaubt heute, dass das Wesen, das er als Yeti gesehen hat, möglicherweise eine seltene Bärenart war.

Der Radler auf dem Rasenmäher

Das Angenehme mit dem Nützlichen verbinden wollte ein Schweizer Hobbygärtner. Er konstruierte den ersten Fahrrad-Rasenmäher. Unbestreitbare Vorteile dieser Erfindung: Sie ist geräuscharm und umweltfreundlich.

Sprung ins Geld

100 000 Dollar kassierte der Stuntman Dar Robinson 1979 für einen einzigen Sprung. Der hatte es allerdings auch in sich: Robinson sprang vom 335 Meter hohen CN-Turm in Toronto (Kanada) in die Tiefe. Sein Fallschirm öffnete sich erst etwa 90 Meter über dem Boden. Die waghalsige Szene war Teil eines Spielfilms mit dem passenden Titel „High Point – Hoher Punkt". Nicht weniger als 1 000 000 US-Dollar kassierte der Stuntman Simion Crane 1993 für eine Szene im Film „Cliffhanger", wobei er in einer Höhe von 4500 Metern einen Geldkoffer zwischen zwei Flugzeugen befördert.

Ein Spuk im Kornfeld

Immer wieder tauchten in den vergangenen Jahren in Kornfeldern in Südengland geheimnisvolle Kreise und andere Formen auf. Einige dieser Muster hatten einen Durchmesser von mehreren 100 Metern und waren vor allem von der Luft aus gut zu sehen. Sie bestanden aus Reihen von fein säuberlich umgeknickten Getreideähren, die zu bestimmten Zeichen angeordnet waren.

Viele 100 Schaulustige, aber auch viele Wissenschaftler pilgerten zu den Kreisen im Kornfeld, um zu sehen, woher sie stammten. Es gab allerhand Vermutungen: Manche meinten, Igel bei Paarungsspielen hätten die Felder niedergewalzt. Andere tippten auf Mini-Wirbelstürme, die die Halme umgelegt hätten. Diese Vermutungen waren hinfällig, als die Kreise im

Kornfeld Arme und Beine bekamen und die Zeichen immer komplizierter wurden. Und noch etwas irritierte die Beobachter: Die Kreise entstanden immer nur nachts. Es half aber nichts, wenn sich die Kornkreis-Forscher in der Umgebung auf die Lauer legten. Frühmorgens waren neue Zeichen in den Feldern. Weil auch keine menschlichen Fußspuren sichtbar waren, schien es unwahrscheinlich, dass Spaßvögel nachts die Kreise in die Felder gewalzt hatten. Waren etwa Außerirdische mit UFOs am Werk? Wollten sie der Menschheit Botschaften übermitteln?

Der englische Wissenschaftler Rupert Sheldrake wollte es genau wissen. Er setzte gemeinsam mit einer Zeitschrift einen Preis aus. Die Geldprämie sollte denjenigen zufallen, die in der Lage waren, genau solche Kreise und Zeichen, wie sie bisher entdeckt worden waren, in die Kornfelder einzubringen. Und siehe da: Es gelang.

Trotz Überwachung der Gegend schaffte es ein halbes Dutzend Gruppen, bei Nacht und Nebel Kreise in die Kornfelder zu zeichnen. Das war der Beweis, dass auch Menschen mit entsprechender Ausrüstung die Kreise schaffen konnten. Damit ist natürlich nicht bewiesen, dass wirklich alle Kreise von menschlichen Spaßvögeln in die Felder gezogen wurden. Aber es kann nun nicht mehr ausgeschlossen werden.

Gleich drei Ringrichter gingen k. o.

Ziemlich fertig war der Ringrichter eines Boxkampfes, der im April 1893 stattfand: Er verließ während des Kampfes den

Ring, um nach Hause zu gehen und sich ins Bett zu legen. Zwei Kollegen, die den Erschöpften ablösten, hielten auch nicht bis zum Ende durch und gingen ebenfalls nach Hause. Erst der vierte Ringrichter beendete schließlich den Kampf – mit einem Unentschieden. Allerdings: Es handelte sich hier auch um den längsten Boxkampf aller Zeiten. Er dauerte über sieben Stunden, und die Kontrahenten gingen mit bloßen Fäusten aufeinander los.
Am Ende saßen beide gleichermaßen k.o. in ihren Ecken. Aber immerhin: Sie bewiesen mehr Ausdauer als die Ringrichter!

In aller Bescheidenheit

„Man ist kein Milliardär, wenn man seine Millionen noch zählen kann" – das sagte der 1976 verstorbene Milliardär Jean Paul Getty. Der Begriff Millionär wurde 1740 eingeführt, von Milliardären spricht man seit 1861. Eine Milliarde sind bekanntlich 1000 Millionen.
Die ersten Dollarmilliardäre waren im Jahre 1937 John D. Rockefeller, Henry Ford und Andrew W. Mellon.

Da war der Führerschein wie weggeblasen

Ein junger Düsseldorfer hatte gerade seine Fahrprüfung bestanden. Der frisch gebackene Führerscheinbesitzer begoss das freudige Ereignis sogleich ausgiebig mit Freunden. Auf

der Heimfahrt geriet der junge Autofahrer in eine Polizeikontrolle. Doch er hatte Riesenglück: Der Beamte bemerkte nicht, dass der junge Mann bereits bei seiner Jungfernfahrt kräftig über den Durst getrunken hatte. Alles ging gut.
Doch ganz am Schluss, als sich der Polizist schon verabschieden wollte, entdeckte er, dass der neue Führerschein nicht unterschrieben war. „Machen Sie's gleich jetzt", schlug der Polizist vor und reichte dem verdutzten Fahrer einen Kugelschreiber durchs Fenster. Dieser nahm den Kugelschreiber, setzte ihn an seine Lippen – und blies kräftig hinein! Er hatte den Kugelschreiber für ein Blasröhrchen zum Alkoholtest gehalten! Da wusste der Polizist natürlich, wie viel es geschlagen hatte, und kassierte erst mal den Schein.

Mit traumwandlerischer Sicherheit

Ein Amerikaner wurde 1987 aufgefunden, als er barfuß und im Nachthemd entlang einer Bahnstrecke wanderte. Zuvor war er im Schlaf 160 Kilometer weit mit einem Güterzug gefahren, nachdem er schlafwandelnd sein Bett verlassen hatte.

Die Bremsen eines Steinzeitautos

Einem Londoner Polizisten war ein uraltes Auto aufgefallen. Vor allem über die Bremsen des betagten Fahrzeuges machte sich der Gesetzeshüter große Sorgen. Er konnte sich nicht vorstellen, dass die Bremsanlage dieses Steinzeitmodells noch

ordentlich funktionierte. Zwar versicherte der Autobesitzer, dass er mindestens so schnell anhalten könne wie der Ordnungshüter mit seinem Wagen, aber dieser war skeptisch und wollte es ganz genau wissen. Also bat der Polizist den Eigentümer des Uralt-Autos, vor ihm herzufahren und bei jedem Hupsignal sofort zu bremsen.
Der Autofahrer tat nun, was der Polizist von ihm verlangte: Beim ersten Hupen des Einsatzwagens stieg er voll auf die Bremse. Der Polizeiwagen donnerte mit Riesenkrach auf das angehaltene Auto und es gab einen Totalschaden beim Polizeiauto!

Zwei Männer im Bodennebel

Zwei Autofahrer waren bei dichtem Nebel auf einer Landstraße bei Gütersloh unterwegs. Um sich bei den extrem schlechten Sichtverhältnissen am Mittelstreifen orientieren zu können, hatten die Nebelfahrer ihre Köpfe aus dem Auto gesteckt. Zwischen Avenwedde und Isselhorst passierte es dann: Die zwei Autofahrer begegneten einander und knallten dabei mit den Köpfen zusammen. Beide mussten ins Krankenhaus, um ihre Verletzungen verarzten zu lassen. Ganz erfolglos war die ganze Aktion dennoch nicht. Die Polizei meldete: „Die Fahrzeuge blieben unbeschädigt."

Der Schlüssel passte

In Dänemark erhielten etwa 240 000 Personen eine Werbebroschüre einer Zeitschrift zugestellt. Darin befanden sich unter anderem ein Autoschlüssel und die vielversprechenden Worte: „Mit diesem Schlüssel können Sie vielleicht bald Ihr neues Auto starten. Es ist der Hauptgewinn unseres Preisausschreibens."
Viele Menschen wollten aber nicht das Preisausschreiben abwarten, sondern schon vorher mit dem Schlüssel ein Auto starten. So stieg die Zahl der Autodiebstähle im Lande schlagartig an. Besonders ältere Ford-Modelle verschwanden in rauen Mengen. Als Ursache für den unerfreulichen Klau-Boom hatte die Polizei bald die Aktion der Zeitschrift ausgemacht. Das Ergebnis der amtlichen Nachforschungen war alles andere als beruhigend: Der Werbe-Schlüssel passte bei fast allen Ford-Autos, die vor 1982 produziert worden waren. Und davon gab es in Dänemark nicht weniger als 130 000!

Die Bescheidenheit der Nobelkarosse

Eine peinliche Unterbrechung seines Vortrages musste der indische Sektenführer Pahlewi Sanhoy in Kauf nehmen. Der Guru dozierte gerade im Frankfurter Kongresszentrum über das Thema „Bescheidenheit und Demut". Ergriffen lauschten die Zuhörer den Ausführungen des bärtigen Predigers.
Plötzlich wurde die feierliche Rede über die Vorzüge der Bescheidenheit von einigen Polizeibeamten unterbrochen:

Freundlich forderten sie den Guru auf mitzukommen. Ursache der unwillkommenen Störung: Der Bescheidenheitsapostel hatte seinen Rolls-Royce vor einer Feuerwehrzufahrt geparkt.

Der Stuntman und der Hotelteppich

Gegen gute Bezahlung springt der Stuntman-Profi John Nolan aus Los Angeles (USA) durch Feuerreifen, von Hochhäusern und aus fahrenden Zügen. Er stürzt Treppen hinunter, wirft sich vor Autos und prügelt sich mit ganzen Fußballmannschaften. Trotz seines extrem gefährlichen Berufs arbeitet Nolan seit 18 Jahren unfallfrei. Jetzt hat's ihn freilich ganz schlimm erwischt: Beim Betreten seines Hotelzimmers rutschte er auf dem Teppich aus und zog sich dabei einen komplizierten Oberschenkelbruch zu. Sein Pech: Die Versicherung weigert sich zu zahlen, da es sich um keinen Arbeitsunfall handelt.

Ein tierischer Flammenwerfer

In Belgien wurde ein Tierarzt zu einer Kuh gerufen, die offenkundig an Darmbeschwerden litt. Er führte ein Röhrchen ein, um die Darmgase herauszulassen und zu untersuchen. Dabei hielt der Arzt unglücklicherweise ein brennendes Streichholz ans Ende des Röhrchens.

Katastrophale Folge dieses Missgeschicks: Das austretende

Gas entzündete sich explosionsartig und setzte augenblicklich einen Heuballen in Brand. In wenigen Sekunden stand der ganze Hof in Flammen.

Der Gruß, der aus der Kälte kam

Über den ewigen Lärm ärgerte sich ein Flughafenanrainer in Milwaukee (USA) so sehr, dass er auf Rache sann. Wenn er den Krach schon nicht abstellen konnte, so wollte er die „Schuldigen", also die Fluggäste, wenigstens angemessen „bestrafen". Eines Tages hatte er den erlösenden Einfall: Er kletterte auf das Dach seines Hauses und pinselte darauf in Riesenlettern: „Willkommen in Cleveland."
Mit dieser freundlichen Begrüßung versetzte der Mann die Fluggäste im Landeanflug nun regelmäßig in Panik: Cleveland ist nämlich 500 Kilometer weit entfernt, und alle Passagiere glaubten tatsächlich, dass sie sich in der falschen Maschine befanden!

Das Bargeld, das vom Himmel regnete

Buchstäblich aus der Luft kam das Geld, das ein amerikanischer Farmer eines Tages auf seinem Grundstück fand: Ein Flugzeugentführer, der mit dem Fallschirm abgesprungen war, hatte das Geld fallen lassen.
Der Fund hatte es in sich: 500 000 US-Dollar in bar! Der spektakuläre Vorfall ereignete sich im Jahr 1971.

Ein kleiner Schritt für einen Menschen, aber ein großer für die Menschheit

Am 20. Juli 1969 hielt die Welt den Atem an. Um genau 21:17 Uhr mitteleuropäischer Zeit setzte die Landefähre „Eagle" (Adler) des amerikanischen Raumschiffes Apollo XI auf der Oberfläche des Mondes auf. Und um 3:56 Uhr betrat der Astronaut Neil Armstrong als erster Mensch den Mond. „Ein kleiner Schritt für einen Menschen", sagte er, als er seinen Fuß auf den Mond setzte, „aber ein großer Schritt für die Menschheit."
Der nächste große Schritt sollte eigentlich die Landung von Menschen auf dem Mars sein. Das Unternehmen ist für das Jahr 2020 geplant. Doch angesichts der unglaublichen Kosten ist es fraglich, ob es dabei bleibt. Mittlerweile weiß man, dass die unbemannte Raumfahrt, also das Ausschicken von Satelliten, nicht nur billiger ist, sondern auch bessere wissenschaftliche Erkenntnisse bringt.

Bald keine Rettung mehr für SOS

Der Rettungsruf SOS ist wohl das berühmteste Signal in der Geschichte der Telegrafie. „SOS" steht für „Save Our Souls" („Rettet unsere Seelen") und wurde am 3. Oktober 1906 auf der Konferenz für Radiotelegrafie in Berlin als internationaler Rettungsruf eingeführt. Das erste SOS in der Geschichte der Seefahrt wurde von dem Passagierschiff „Slavonia" am 10. Juni 1909 bei einem Schiffbruch vor den Azoren gesendet.

Auch die „Titanic“ sandte am 14. April 1912 SOS – kurz vor ihrem Untergang.
Seit 1999 gilt SOS nicht mehr als verbindliches Notrufsignal im internationalen Seefunkverkehr.

Besondere Regenschirme

Im England des 19. Jahrhunderts war die Regenschirmtechnik am höchsten entwickelt. Königin Victoria zum Beispiel trug einen kugelsicheren Regenschirm, der sie vor Attentaten bewahren sollte. Es gab Regenschirme mit eingebauten Trillerpfeifen, Blitzableitern, Degen, Fernrohren und Regenwassersammlern zum Blumengießen.

Es fährt ein Zug zum Petersdom

Das kleinste Eisenbahnnetz der Welt hat der Vatikanstaat: Die Anschlussgleise an das Netz der römischen Bahn sind nur etwa 600 Meter lang!

Drive-in-Hochzeit in zwei Versionen

Die ersten Drive-in-Hochzeiten fanden in Las Vegas (USA) statt. Dies ist nicht nur eine neue und preisgünstige Art, den Bund fürs Leben zu schließen, sondern vor allem auch eine zeitsparende Sache: Man bezahlt 25 Dollar, fährt an den

Schalter der „Kleinen Weißen Kapelle“ und genießt den Hochzeitsmarsch, der aus einem Lautsprecher ertönt. Innerhalb weniger Minuten ist die ganze Hochzeitszeremonie vorüber, und die beiden Heiratswilligen verlassen als Eheleute den Ort des Geschehens. Während der ganzen Schnellhochzeit kann das Paar im Auto sitzen bleiben.
Bei der Langversion der Kurzhochzeit steigt das Paar kurz aus dem Auto, um die Kapelle zu betreten. Das kostet allerdings etwas mehr und dauert eben auch ein bisschen länger. Beliebter sind jedenfalls die Hochzeiten, bei denen das lästige Aussteigen entfällt. Inzwischen gibt es in Las Vegas eine ganze Reihe dieser Hochzeitskapellen, und jedes Jahr geben sich fast 130 000 Paare bei einer Drive-in-Hochzeit das Jawort.

Diese Schecks sind nichts als heiße Luft

Zwei Amerikaner haben 1988 eine einträgliche Erfindung gemacht. Sie haben gefälschte Schecks entwickelt, die sich kurz nach dem Einlösen in Luft auflösen. Auf diese Weise wurden amerikanische Banken um insgesamt 70 000 Dollar „erleichtert“.

Ein Museum voller Flops

Das erste Museum für Flops wird vom Chef einer amerikanischen Marktforschungsfirma betrieben. Seit über 20 Jahren sammelt er Waren, die sich besonders schlecht verkaufen ließen. 5000 dieser Ladenhüter werden ständig ausgestellt. Der Öffentlichkeit werden diese Sehenswürdigkeiten allerdings leider vorenthalten: Zutritt haben nur Kunden des Unternehmens, denen anhand dieser abschreckenden Beispiele erfolgreichere Werbemethoden vorgestellt werden.

Ein gut geschmiertes Schiff

Um ein 50 000-Tonnen-Schiff vom Stapel zu lassen, braucht man bis zu 15 Tonnen Schmiermittel und Öl. Damit das Schiff beim Stapellauf ins Rutschen kommt, werden diese Riesenmengen Fett und Öl als Schmiermittel auf die Helling (Rutschbahn) gestrichen.

Sensationell, kurios

Ein Genie mit zweifelhaften Ansichten

Der griechische Philosoph Aristoteles lebte von 384 bis 322 vor Christus. Er war eines der größten Genies aller Zeiten. Trotzdem vertrat er teilweise Ansichten, die uns heute nicht nur lächerlich falsch, sondern sogar gefährlich vorkommen. So glaubte er zum Beispiel, dass das Gehirn eine Art Kühler für das Blut sei. Seiner Ansicht nach saß der Verstand des Menschen nicht im Gehirn, sondern im Herzen. Schlimm waren auch seine politischen Auffassungen. Aristoteles war davon überzeugt, dass Frauen keine vollwertigen Menschen waren, sondern, wie er sagte, „missglückte, fehlerhafte Männer". Auch hielt er nichts von der Idee, dass alle Menschen gleiche Rechte hätten. Jemand, der nicht griechisch sprach – also ein Ausländer –, war seiner Ansicht nach ein geborener Sklave und konnte als Arbeitstier gehalten werden.

Die englische Schwitzkrankheit bleibt ein ewiges Rätsel

Vor etwa 500 Jahren brach in England eine rätselhafte Seuche aus. Sie breitete sich rasend schnell aus und tötete ausnahmslos alle Menschen, die sich ansteckten. Die ersten Krankheitsanzeichen waren ähnlich denen einer Grippe: Kopfschmerzen, Schweißausbrüche und hohes Fieber. Deshalb bezeichnete man die Seuche auch als „English Sweating Sickness", also als „englische Schwitzkrankheit". Die Körper der Erkrankten waren so heiß, dass man den Eindruck hatte, sie würden

innerlich verbrennen. Die Ärzte waren völlig hilflos. Die Seuche verbreitete sich schneller, als die Totengräber arbeiten konnten. Als sie nach Deutschland übersprang, tötete sie innerhalb von fünf Tagen 5000 Menschen.
Die „Sweating Sickness" forderte insgesamt zwar viel weniger Opfer als die Pestepidemien, die im Mittelalter Millionen Menschen hinwegrafften. Aber von der Pest, von der Cholera und von anderen Infektionskrankheiten wissen wir heute zumindest, wie sie übertragen wurden. Bei der englischen Schwitzkrankheit weiß man das bis heute nicht. Denn im Jahre 1551 verschwand sie so schnell und geheimnisvoll, wie sie gekommen war. Seither ist sie nie wieder aufgetreten.

Ein Flugzeug, das mit dem Schleudersitz abspringt

Schleudersitze für Piloten von Kampfflugzeugen gibt es schon lange. Damit retten sie sich bei Gefahr aus ihren Jets. Sie stürzen dann nicht mit den Flugzeugen ab, sondern schweben an Fallschirmen zu Boden. Ein amerikanischer Erfinder kam auf die eigentlich naheliegende Idee, diese sinnvolle Einrichtung auch bei Passagierflugzeugen einzusetzen. Allerdings handelt es sich dabei nicht um einen Schleudersitz im üblichen Sinne, sondern um einen Super-Schleudersitz: Der gesamte Passagierraum wird im Notfall vom Rest des Flugzeugs weggesprengt. Nach erfolgreichem Schleudervorgang soll die Rettungskabine mithilfe von neun Fallschirmen sicher zu Boden gleiten.

Da die Fallgeschwindigkeit aber immerhin neun bis zwölf Meter pro Sekunde beträgt, muss der Aufschlag durch ein automatisch aufblasbares Luftkissen gedämpft werden. Ansonsten wäre die Landung doch etwas zu holprig.

Eine Krabbe auf Rädern

Das sogenannte Krabbenauto wurde in der Hauptstadt Taiwans, Taipeh, entwickelt. Anlass für diese Erfindung war die extreme Parkplatznot, die in dieser asiatischen Stadt herrscht. Dank schwenkbarer Räder kann dieses Fahrzeug nicht nur vorwärts- und rückwärts-, sondern auch seitwärtsfahren. Doch das ist noch nicht alles. Diese „Krabbe" kann auch auf der Stelle wenden. Aufgrund dieser ungewöhnlichen Fahreigenschaften kann die kleinste Lücke als Parkplatz genützt werden. Ein Parkspezialist soll auch das geplante Stadtauto „Futura" werden: Es parkt völlig selbstständig ein! Das Einzige, was der Fahrer noch tun muss, ist, vor dem gewünschten Parkplatz zu halten und dann auf einen Knopf zu drücken. Den Rest erledigt das Auto mithilfe von lasergesteuerten Abstandsdetektoren, einzeln steuerbaren Rädern, elektronischer Beschleunigung und einem Automatikgetriebe.

Die Metallniete, die zur Goldader wurde

1850 schneiderte der amerikanische Kleiderfabrikant Levi Strauss die ersten Hosen aus blauem Segeltuch. Gedacht waren diese strapazierfähigen Kleidungsstücke vor allem für die Goldgräber des Wilden Westens. Doch zu echten Bluejeans wurden diese Hosen erst im Jahre 1873. Der aus Reno stammende Schneider Jacob Davis hatte die ebenso einfache wie geniale Idee, die Hosennähte durch Metallnieten abzusichern. Weil er für die Patentierung allein nicht genug Geld besaß, tat er sich mit Levi Strauss zusammen. Von da an konnten die Goldgräber ihre Gesteinsbrocken einstecken, ohne dass die Nähte rissen.

Das Riesenauto mit Swimmingpool

Die längste Limousine der Welt misst 27 Meter und hat genau 26 Räder! Da wird das Kurvenfahren schon manchmal zu einer nervenaufreibenden Sache. Weitere Besonderheiten dieses Luxusgefährtes sind ein Hubschrauberlandeplatz, ein extragroßes Wasserbett sowie ein eigener Swimmingpool – selbstverständlich mit Sprungbrett! Eingesetzt wird das Traumauto vor allem in Filmen und zu Showzwecken.

Ein unheimlich schwacher Abgang

Drei Monate lang konnte der indische Sektenführer Shree Rajneesh täglich mit einem neuen Rolls-Royce ausfahren. Er besaß nämlich nicht weniger als 93 dieser Luxusautos. 1985 wurde er aus den USA ausgewiesen und musste seinen gesamten Fuhrpark an einen Autohändler verkaufen.

Die UFOs und die „schwarzen Männer“

Viele Menschen sind davon überzeugt, dass die Erde schon oft Besuch von außerirdischen Wesen mit ihren UFOs (Unbekannten Flugobjekten) bekommen hat. Immer wieder werden solche rätselhaften Flugobjekte gesichtet. Viele dieser Erscheinungen können mit natürlichen Ursachen erklärt werden, zum Beispiel mit bestimmten Wolkenformationen oder optischen Täuschungen. Doch bei der Vielzahl der Berichte fällt es auch nüchternen Wissenschaftlern schwer, alles, was mit UFOs zusammenhängt, als Spinnerei abzutun. Allerdings sind nicht nur die Himmelserscheinungen rätselhaft. Auch das, was viele angebliche Augenzeugen anschließend berichten, klingt manchmal sehr erstaunlich.

Scheinbar werden sie von geheimnisvollen, schwarz gekleideten Besuchern aufgesucht. Die Berichte über diese „schwarzen Männer“ sind stets gleich: Kurz nachdem jemand ein UFO gesehen hat, tauchen die schwarzen Männer bei ihm zu Hause auf. Meist geht das so schnell, dass im Radio oder Fernsehen noch überhaupt nichts über das UFO berichtet worden ist. In der Regel kommen die Männer zu dritt. Oft fahren sie in einem großen schwarzen Auto vor. Die Unbekannten sehen so aus, wie man sich typische Geheimdienstleute vorstellt: dunkler Anzug, dunkler Hut und dunkle Krawatte. Ihre fremdartigen, dunklen Gesichter sind ausdruckslos. Bei den Gesprächen geht es zu wie bei einem Verhör. Die geheimnisvollen Besucher wissen stets über alles Bescheid: Namen, Alter, Arbeit usw. Das Gespräch endet immer mit einer Warnung: Über das UFO-Erlebnis darf mit keinem Menschen ge-

sprochen werden. Danach gehen die schwarzen Männer ebenso plötzlich, wie sie aufgetaucht sind.
So unglaublich das alles klingt – beim amerikanischen Militär nimmt man die UFO-Geschichten offensichtlich ernst. Jedenfalls gibt es dort das größte UFO-Archiv der Welt, in dem alle Berichte über angebliche UFOs und andere rätselhafte Begegnungen gesammelt werden.

Sage mir deinen Sitzplatz, und ich sage dir, wer du bist

Der Hellseher Gérard Croiset konnte angeblich auch in die Zukunft sehen. Jedenfalls beeindruckte er Beobachter immer wieder beim sogenannten „Stuhl-Test". Dieses Experiment wiederholte er über 20 Jahre lang.
Es funktionierte so: Etwa eine Woche vor einer öffentlichen Veranstaltung machte Croiset schriftliche Angaben über eine bestimmte Person, und zwar über jenen Menschen, der bei der kommenden Veranstaltung auf einem ganz bestimmten Platz sitzen würde. Am Tag der Veranstaltung setzten sich die Besucher dann ganz zufällig auf irgendeinen Platz. Niemand hatte auch nur die leiseste Ahnung, welchen Platz Croiset vorher ausgesucht hatte. Nachdem sich alle Anwesenden gesetzt hatten, wurden Croisets Voraussagen vorgelesen. Und in den allermeisten Fällen entsprachen die Angaben, die er über die unbekannte Person gemacht hatte, der Wirklichkeit. Dabei ging es um solche Einzelheiten wie den Beruf oder besondere Vorkommnisse im Leben des Betroffenen.

Besonders verblüffend waren Croisets Voraussagen über das Aussehen des Menschen, der auf dem ausgewählten Stuhl sitzen würde: Alle Anwesenden konnten sich mit ihren eigenen Augen von der Richtigkeit der Beschreibung überzeugen. Manchmal kam es allerdings auch vor, dass Croiset keine Angaben über die Person auf dem ausgewählten Platz machen konnte. Am Tag der Veranstaltung gab es dafür aber meist eine einleuchtende Erklärung: Der betreffende Stuhl blieb leer!

Ein Mann mit beruhigendem Weitblick

Im Jahr 1959 war aus einem Krankenhaus in Kansas (USA) plötzlich ein Mädchen verschwunden. Zufällig hörte der verzweifelte Vater vom berühmten holländischen Hellseher Gérard Croiset. Den rief er sofort an und fragte, ob er ihm bei der Suche nach seiner Tochter helfen könne. Croiset konzentrierte sich und sagte: „Ich sehe Ihre Tochter über eine große Wiese laufen. Jetzt überquert sie eine Brücke. Nun sehe ich Ihr Kind an einem Platz mit vielen Geschäften. In der Nähe ist eine große Wasserfläche mit vielen kleinen Booten." – „Lebt sie noch?", wollte der besorgte Vater wissen. „Ja", beruhigte ihn der Hellseher, „machen Sie sich keine Sorgen, in sechs Tagen werden Sie von ihr hören." Und in der Tat: Sechs Tage später saß das Mädchen plötzlich im Wohnzimmer.

Als Croiset das Kind später befragte, zeigte sich, dass er über eine Entfernung von über 8000 Kilometern alle Einzelheiten richtig „gesehen" hatte. Croiset konnte nie genau sagen, wie seine außersinnlichen Fähigkeiten eigentlich funktionierten. Einmal beschrieb er seine Erlebnisse beim Hellsehen so: Zunächst sieht er feines Pulver, das sich nach und nach in Punkte und Linien verwandelt. Daraus bilden sich dann Formen und später ganze Bilder. Normalerweise erscheinen die Bilder nur schwarz-weiß.

Croiset hat der Polizei in zahlreichen Kriminalfällen wichtige Hinweise gegeben. Bei der Suche nach Vermissten betrug seine Erfolgsquote sogar 80 Prozent. Das heißt, er konnte in vier von fünf Fällen der Polizei Hinweise geben, die zur Aufklärung des Falles führten.

Das dunkle Schicksal der Bierbrauer-Dynastie

Im Jahr 1978 starben innerhalb von nur vier Monaten vier Mitglieder der Familie Guinness, Besitzer der bekannten gleichnamigen Brauerei. Wie von unsichtbarer Hand in den Tod geführt, kamen diese Menschen, einer nach dem anderen, ums Leben. Im Mai stürzte Henrietta Guinness in Spoleto (Italien) von einem Aquädukt und war auf der Stelle tot. Im Juni ertrank eine andere Guinness-Erbin in der Badewanne. Noch im gleichen Monat fand Major Dennys Guinness den Tod, wahrscheinlich durch eine Überdosis Tabletten. Und im August hatte John Guinness, damals Berater des britischen Premierministers Callaghan, einen schweren Autounfall. Zwar überlebte er das Unglück, aber sein Sohn kam dabei ums Leben, ein anderer Sohn wurde schwer verletzt.

Einfach tierische Prozesse

Tiere vor Gericht zu stellen ist eigentlich ein absoluter Unsinn, weil man sie für ihr Verhalten nicht verantwortlich machen kann. Dennoch wurden Tiere in der Vergangenheit immer wieder aus den absurdesten Gründen angeklagt und verurteilt.

Gerichtsverfahren gegen Tiere gab es in Europa bis ins 17. Jahrhundert hinein immer wieder. So wurde zum Beispiel 1394 in der Normandie ein Schwein zum Tod durch Erhängen verurteilt, weil es angeblich ein Kind gefressen hatte.

1471 wurde in Basel einem Hahn der Prozess gemacht, weil er „den Naturgesetzen zum Trotz" ein Ei gelegt haben soll. Das unschuldige Tier wurde als „verkleideter Teufel" auf dem Scheiterhaufen verbrannt. 1644 enthauptete man in Detmold einen Ziegenbock, weil er ein Kind zu Tode gestoßen hatte.

Sogar Maulwürfen, Ratten und Raupen wurde der Prozess gemacht, weil sie die Felder verwüstet hatten. 1659 wurden in Italien die Raupen beschuldigt, „fremdes Gebiet betreten und es vorsätzlich beschädigt" zu haben. Das Gericht forderte die Tiere offiziell auf, sich unverzüglich in den Wald zurückzuziehen und die Ernten der Bauern nicht mehr zu zerstören.

Die Prager, der Alchemist, das Gold und der große Knall

Mit einer sensationellen Kunde zog vor 400 Jahren ein arabischer Alchemist in die Stadt Prag ein: Er versprach, das Gewicht von Gold zu verdoppeln, und wollte dies in aller Öffentlichkeit beweisen. Die reichen Bürger waren aus dem Häuschen. Sie schleppten ihre Goldmünzen zum Festbankett, zu dem der geheimnisvolle Fremdling geladen hatte. Und sie liehen ihm ihre Münzen in der Hoffnung, ihr Gewicht (und damit der Wert der Münzen) würde sich schlagartig vergrößern. Der weise Magier begann mit seiner feierlichen Prozedur. Mitten in der allergrößten Spannung ereignete sich eine donnernde Explosion mit Rauch, Gestank und Flammen. Als sich die Aufregung gelegt hatte, war der Fremde spurlos verschwunden – und mit ihm das Gold der Prager.

Der Fluch des Pharaos

Im Jahr 1890 öffnete ein amerikanischer Journalist ein Grab, das folgende Inschrift hatte: „Wer immer das Grab des Prinzen Sennar entweiht, den holt der Sand ein und zerstört ihn." Der Journalist ahnte, dass er verloren war. Er brach sofort auf und verließ Hals über Kopf mit dem Schiff Ägypten. Aber an Bord erstickte der Mann ohne erkennbaren Grund. Ebenso rätselhaft war, was man in der geballten Faust des Toten fand: Sand.

Der „Fluch des Pharaos" tauchte jedoch nicht nur in der Vergangenheit auf. Auch in jüngerer Zeit scheint dieser Fluch auf unheimliche Weise noch immer wirksam zu sein: Im Jahr 1979 erlitt George La-Brash einen Schlaganfall, als er gerade die Maske des Tutanchamun in San Francisco bewachte. Er verlangte daraufhin von der Stadt eine Invalidenrente. Begründung: Sein Schlaganfall sei durch den Fluch, der auf dem Grab lag, ausgelöst worden. Deshalb sei dies als Arbeitsunfall zu bewerten. Das Begehren wurde aber zurückgewiesen. LaBrash ist sich sicher, dass die Ablehnung nur eine wirkliche Ursache haben kann: Der Fluch des Tutanchamun wirkte auch beim Arbeitsgericht noch fort.

Nessie bleibt im Dunkeln

Vor 60 Jahren sichteten Einheimische am schottischen See Loch Ness erstmals ein rätselhaftes Wesen, das von da an als „Ungeheuer von Loch Ness" weltbekannt wurde. Falls „Nessie" wirklich existiert, dann handelt es sich bei diesem Tier jedenfalls um etwas Riesiges: entweder um eine Wasserschlange, um eine Schildkröte oder gar um einen Saurier.
Das einzige scharfe Foto, das von Nessie existiert, zeigt einen aus dem Wasser ragenden, schlangenförmigen Hals mit kleinem Kopf und einen Buckel. Trotz ausgedehnter und aufwendiger Untersuchungen mit U-Booten und Radargeräten ist noch keine Spur von Nessie gefunden worden.

Die Expedition zum Saurier-See

In einem der für Menschen gefährlichsten und unzugänglichsten Gebiete der Welt, im Telle-See mitten in den Likualo-Sümpfen im Kongo, leben angeblich noch immer Sauropoden-Dinosaurier, wie sie in der Kreidezeit weite Teile der Erde bevölkerten. Die Einheimischen nennen diese Sumpfungeheuer, die angeblich bis zu zwölf Meter lang werden, Mokele-Mbembe.

Im Jahr 1983 rüstete die Regierung der Republik Kongo eine Expedition aus, die Beweise für die Existenz des urweltlichen Tieres beibringen sollte. Und tatsächlich berichtete anschließend der Expeditionsleiter Marcellin Agnaga, ein kongolesischer Zoologe, er habe den Dinosaurier mit eigenen Augen gesehen: „Er hatte einen langen Hals, einen kleinen Kopf und einen großen Rücken. Seine über dem Wasser sichtbare Länge war etwa fünf Meter.“ Nach den Worten des Wissenschaftlers gehörte dieses Tier nicht zur bekannten Tierwelt Zentralafrikas, sondern ähnelte einem Sauropoden. Er hatte sogar Gelegenheit gehabt, das rätselhafte Ungeheuer auf seinen Film zu bannen. Leider hatte er die Kamera falsch eingestellt.

Auch andere Expeditionen gingen fast ebenso leer aus. Der amerikanische Raketentechniker Herman Reguster, der schon 1981 eine Expedition ausgerüstet hatte, brachte als einzigen Hinweis den Fußabdruck eines der Wissenschaft unbekannten Tieres nach Hause und die Tonbandaufzeichnung eines Schreies, der angeblich vom Mokele-Mbembe stammt. Der Schrei klingt wie der trompetende Ruf eines großen Tieres. Aber von wem er wirklich stammt, ist alles andere als gewiss.

Das Kaufhaus mit dem duftenden Fußboden

Blindenhunde entwickeln erstaunliche Fähigkeiten. Es klang aber schon wunderbar, dass der Hund einer blinden Engländerin sein Frauchen auf das Kommando „Woolworth" in ihr Lieblingskaufhaus führte – in ein Kaufhaus der Woolworth-Kette. Geradezu übernatürlich erschien jedoch die Fähigkeit des Hundes, auch in völlig fremden Städten das nächste Woolworth-Kaufhaus zu finden.

Des Rätsels Lösung: Der Boden all dieser Kaufhäuser wird mit einer speziellen Politur gepflegt. In fremden Straßen konnte sich der Blindenhund also seinen Weg zu Woolworth auf Kommando erschnüffeln.

Der Gletschermann trug Lederkleidung

Für die Archäologen (Altertumsforscher) war dies eine der Sensationen des Jahrhunderts: Im September 1991 fanden Touristen im Gebiet des Similaun-Gletschers in den Ötztaler Alpen in Südtirol (Italien) die mumifizierte Leiche eines jungen Mannes. Die Fachleute schätzten das Alter des sogenannten Gletschermannes auf 30 Jahre. Er war vor 5300 Jahren bei einer Wanderung über den Gletscher umgekommen. Seine Haut, Muskeln und inneren Organe waren im ewigen Eis gut erhalten geblieben. Noch nie zuvor hatte man die Überreste eines Menschen, der in der Jungsteinzeit (5000 bis 1500 Jahre vor unserer Zeit) lebte, außerhalb eines Grabes gefunden.

Da der Gletschermann vollständig bekleidet war und auch seine Ausrüstung mithatte, kann man sich nun ein besseres Bild über die Lebensumstände der Steinzeitmenschen in Mitteleuropa machen. Der Gletschermann trug Lederkleidung. Seine festen Schnürschuhe waren zum Schutz gegen die Kälte mit Gras gefüttert. Als Jagdwaffe trug er einen Bogen aus Eibenholz und einen Köcher mit 14 Pfeilen mit Steinklingen bei sich; dazu noch ein Beil mit Kupferklinge. Außerdem fand man bei ihm Nähzeug und einen Beutel mit Birkenbaumpilzen. Diese Pilze können – ähnlich wie Fliegenpilze – sehr starke Rauschzustände hervorrufen; sie wirken also ähnlich wie Haschisch oder Marihuana.

Belgiens Blas-Bataillon

Die Fahrer der ersten Fahrräder waren verpflichtet, ständig eine Glocke zu läuten, sobald sie in Fahrt waren. Mit dem Geläute sollten sie ahnungslose Fußgänger warnen. Für Autos galten übrigens noch schärfere Bestimmungen. Hier genügte nicht einmal der Motorlärm als Warnsignal. Vor den ersten Kraftwagen, die sich auf öffentliche Straßen wagten, musste jemand mit einer roten Flagge herlaufen.

Als Fahrräder Anfang des Jahrhunderts immer populärer wurden, wollte man sie, statt der Pferde, als Transportmittel auch beim Militär verwenden. Viele ehemalige Kavalleristen sollten nun in die Pedale treten. Allerdings hatte man noch keine Erfahrungen, wie sich Fahrradsoldaten im Krieg bewähren würden. Wie sollten sie sich zum Beispiel gegen angreifende berittene Soldaten wehren? Den Fahrradsoldaten wurde empfohlen, die Räder auf Sattel und Lenker zu stellen und die Räder zu drehen. Die surrenden und blitzenden Speichen sollten die Pferde des Feindes scheu machen.

Die seltsamsten Ideen hatte jedoch die belgische Armee. Dort gab es zu Beginn des Jahrhunderts eine Fahrrad-Militärkapelle. Die Lenker hatten eine Ellbogenstütze. Damit konnten die Blasmusiker ihr Fahrrad lenken – und gleichzeitig in die Hörner tuten. In der Schweiz leisten übrigens auch heute noch Soldaten auf Rädern Dienst. Für sie ist ihr Rad ein praktisches Transportmittel.

Die Schraube im Kopf

Da staunten selbst die erfahrensten Mediziner: Der 62-jährige Schwede Bengt Svensson bekam plötzlich stechende Kopfschmerzen. Der Kopf des Patienten wurde gründlich durchleuchtet. Doch es fand sich kein Tumor oder sonst ein Zeichen für eine Krankheit. Was die Ärzte entdeckten, war eine drei Zentimeter lange Schraube. Die allerdings war nicht locker, sondern saß zwischen Gehirn und Schädel fest.
Die wahrscheinliche Lösung des Rätsels: Als 14-jähriger Junge hatte sich der Patient eine Pistole gebastelt. Als er sie zum ersten Mal abfeuern wollte, explodierte sie. Die Verletzungen waren nicht weiter schlimm. Es gab einige Fleischwunden an Kopf und Hals, aber nichts weiter. Vermutlich war aber bei diesem Unglück die Schraube in den Körper des Jungen eingedrungen. Von den Mandeln aus, meinten die untersuchenden Ärzte, ist sie wahrscheinlich kopfaufwärts zum rechten Innenohr gewandert, wo sie schließlich festsaß und herausoperiert wurde.

Der Zauberschlüssel mit dem Funkkontakt

Wer einen elektronischen Schlüssel hat, braucht seinen Schrank nicht mehr selbst aufzusperren. Sobald er mit diesem kleinen Gerät in die Nähe des dazugehörigen Schlosses kommt, schließt sich dieses automatisch auf. Wenn sich der Träger des Schlüssels hingegen weiter als einen Meter fortbewegt, verschließt sich das Schloss wieder von selbst.
Dieser kleine Zauberschlüssel ist eigentlich ein Sender und funktioniert wie eine Fernsteuerung. Im Schloss ist ein Empfänger eingebaut. Sobald Funkkontakt mit dem Schlüssel hergestellt ist, gibt der Empfänger die Meldung an das Schloss weiter, das durch kleine Elektromotoren aufgesperrt wird. Der Funkkontakt funktioniert nur im Umkreis von einem Meter. Der Kontakt reißt ab, sobald der Schlüssel weiter als einen Meter entfernt ist. Und das bedeutet: zusperren! Schlüssel dieser Art verwendet man für Kassen und Aktenschränke mit geheimen Dokumenten.

Ein Filmschauspieler, der unter Strom steht

Als vor etwa 70 Jahren die ersten Tonfilme in den Kinos aufgeführt wurden, war das Publikum fasziniert: Die Schauspieler waren nicht nur zu sehen, man konnte sie gleichzeitig sprechen hören! Bald wollte niemand mehr Stummfilme sehen, bei denen im Kino ein Pianist die Musik dazu klimperte und man in Untertiteln lesen musste, was sich die Schauspieler zu sagen hatten.

Auch für die Regisseure war die Umstellung enorm. In der Stummfilmzeit waren sie es gewohnt gewesen, den Schauspielern während der Aufnahmen die Anweisungen zuzubrüllen; der Film war ja stumm. Niemand konnte sie später hören. Im Tonfilm, als der Ton bei den Aufnahmen direkt mitgeschnitten wurde, war das nun nicht mehr möglich. Manche Filmer versuchten in ihrer Verzweiflung, die Schauspieler elektrisch regelrecht fernzusteuern. Man heftete den Akteuren Strom führende Drähte unter der Kleidung auf die Haut. Regisseur und Schauspieler vereinbarten Signale. Und wenn der Regisseur eine bestimmte Anweisung geben wollte, legte er einen bestimmten Schalter um. Der Schauspieler spürte ein Prickeln an einer bestimmten Stelle und tat, wie ihm geheißen wurde. Das System wurde bald aufgegeben, und man einigte sich darauf, alle Szenen – wie im Theater – vorher genau durchzusprechen.

Schlimmer dran als die Regisseure waren jedoch viele Stummfilmstars, die in den Stummfilmen wunderbar aussahen und spielten. Im Tonfilm stellte sich oft heraus, dass sie quäkende Stimmen hatten oder mit einem ausländischen Akzent sprachen. Sie verloren ihren Job, als sie im Film plötzlich sprechen mussten.

Eine große Eisentrommel, die kein Glückslos enthält

Die nutzloseste Maschine aller Zeiten drehte sich und machte dem Maschinisten das Leben schwer. Sonst tat sie gar nichts.

Es handelte sich um eine schwere, sandgefüllte Eisentrommel, die vor 100 Jahren in englischen Gefängnissen stand. Die Sträflinge mussten mit einer Kurbel daran drehen. Diese stumpfsinnige, sinnlose Arbeit hielt man damals für eine gerechte Strafe für Verbrechen.

So „ergiebig“ kann Benzin sein

Ein einziger Liter Benzin reicht aus, um einen kleineren See in der Größe von zehn Fußballplätzen mit einem Ölfilm zu bedecken. Die ölig glänzende Schicht ist dann nur winzige Bruchteile eines Millimeters stark.

Dieses Raumschiff ist ein Knabberspaß

Eine amerikanische Raumfahrtfirma hat ein Instrumentenbord für Raumschiffe entwickelt, das aus Trockenmilch, Mais, Weizen und getrockneten Bananenflocken besteht. Das Material sieht wie Kunststoff aus und fühlt sich auch so an. Allerdings schmeckt es besser und ist natürlich auch nahrhafter als Plastik. Denn das ist der Sinn der Sache. Falls die Astronauten länger als geplant im Himmel bleiben und Hunger leiden müssten, könnten sie zumindest das Instrumentenpult anknabbern.

Verluste in der japanischen U-Bahn

Pro Jahr verlieren die Fahrgäste in japanischen Zügen durchschnittlich 500 000 Regenschirme, 200 000 Schuhe und 250 000 Brillen. Japanische Züge, vor allem U-Bahnen und Vorortzüge, sind vermutlich dichter mit Menschen vollgepackt als Züge sonst irgendwo auf der Welt. In Bahnhöfen gibt es besonderes Personal, das die Aufgabe hat, die Fahrgäste in die Waggons zu stopfen. Kein Wunder, dass nicht nur Brillen verloren gehen, sondern auch beträchtliche Mengen von künstlichen Gebissen – und sogar Glasaugen!

New York, London und ein zäher Kunststoff

Die ersten Produkte aus Nylon waren Zahnbürsten. Sie kamen 1938 auf den Markt. Der zähe Kunststoff Nylon hat möglicherweise seinen Namen aus den Abkürzungen für New York (NY) und London (LON). Die Herstellerfirma selbst allerdings erklärte später, man habe den Namen aus einer zufälligen, etwas unsinnigen Silbe (nyl) und einer Endung (on), die auch beim englischen Wort für Baumwolle (cotton) vorkommt, zusammengesetzt. Nylon kann für alle möglichen Zwecke verwendet werden: für Kunstfasern in Strümpfen und anderen Kleidungsstücken, für Schuhabsätze und sogar für leichte, kugelsichere Westen.

Doch der Erfinder von Nylon, der amerikanische Chemiker W. Carothers, erlebte den Erfolg seiner Erfindung nicht mehr. Er nahm sich schon 1937 das Leben.

Ein Kühlschrank Marke Mittelalter

Wenn man Salpeter in einen Wasserbottich tropfen lässt, dann löst sich diese chemische Substanz auf. Dadurch sinkt die Temperatur des Wassers. Kühlschränke dieser Art waren gegen Ende des Mittelalters in Italien unter reichen Leuten sehr beliebt. Man stellte Wein- und Wasserflaschen in das eiskalte Wasser und kühlte sie dadurch ab.

Ein Schneider, den das Glück im Stich ließ

Die ersten Heimnähmaschinen galten vor 140 Jahren als so große Sensation, dass sie in der Zirkusmanege einer begeisterten Menge vorgeführt wurden. Die Hausfrauen fanden es einfach unglaublich, wie viel mühsame Arbeit ihnen dieses mit Fußpedal angetriebene, schnurrende Maschinchen abnehmen konnte. Ihr Konstrukteur, der amerikanische Ingenieur Isaac Singer, wurde durch dieses nützliche Gerät ein steinreicher Mann.

Der erste Nähmaschinenfabrikant starb hingegen in bitterer Armut. Der französische Schneidermeister Barthelemy Thimonnier hatte schon 1830 in Paris Nähmaschinen in einer Uniformfabrik aufgestellt. Die anderen Schneider und Näher sollen jedoch Angst um ihre Arbeitsplätze gehabt haben. Angeblich stürmten sie die Fabrik, zertrümmerten die Maschinen und gingen auf den Fabrikanten los. Thimonnier soll sich mit knapper Not gerettet haben und als einfacher Schneider in sein Heimatstädtchen zurückgegangen sein. Später verbesserte er seine Maschine so weit, dass sie nun auch kompliziertere Stiche nähen konnte. Doch das Unglück hat den Schneider nicht verlassen. Seine neue Maschine kam zwei Tage zu spät bei einer großen Ausstellung an. Sein Konkurrent Singer machte das große Geschäft, Thimonnier war finanziell am Ende. Er starb 1857 arm und vergessen.

Wenn es dem Fahrstuhl zu heiß wird

Die Knöpfe moderner, computergesteuerter Fahrstühle reagieren schon auf die leiseste Berührung. Das ist bequem für die Fahrgäste, aber unangenehm wird es bei Feuer. Denn auch Hitze kann die Tasten auslösen und den Fahrstuhl rufen.
Und so machte man die Erfahrung, dass bei Feuer in einem Hochhaus alle Kabinen plötzlich in das Stockwerk fuhren, in dem das Feuer ausgebrochen war. Heute unterbricht deshalb eine Sicherheitsschaltung bei hohen Temperaturen die Ruffunktion. Bei Feuer lässt sich kein moderner Lift mehr rufen.

So kam die Dusche auf die Kinoleinwand

Um die Leinwand feucht zu halten, hatten die ersten großen Kinos eine eingebaute Dusche. Eine nasse Projektionsfläche reflektiert das Licht besser und liefert deshalb ein helleres, schärferes Bild. In den ersten Kinos mit großer Leinwand hielten deshalb eingebaute Brauseanlagen die Leinwand ständig nass.

Eine moderne Kinoleinwand ist dagegen mit einer reflektierenden Kunststoffschicht überzogen, die die gleichen Dienste leistet.

Das Letzte!

Viele Amerikaner versprechen sich Vorteile davon, wenn sie im Telefonbuch ganz am Schluss stehen. Deshalb legen sie sich die verrücktesten Namen zu, um nur ja der Letzte zu sein. So findet man im Telefonbuch von San Francisco die Eintragung: „Zachary F. Zzzzzzzzzra“.

Lies mich ...

Gut zu wissen!

Woher kommt der Asphalt?

Die meisten Straßen haben eine Oberfläche aus Asphalt. Dieses Baumaterial wird aus Erdöl gewonnen und so behandelt, dass es bei Hitze zähflüssig wird und bei Kälte erstarrt. Heißen Asphalt kann man auf dem Straßenuntergrund auftragen. Später bildet er einen harten, glatten Straßenbelag. Naturasphalt tritt in manchen Weltgegenden auf die Erdoberfläche aus und sammelt sich in zähflüssigen Asphaltseen. Dieses „Erdpech" ist im Nahen Osten seit alter Zeit bekannt und wird sogar in der Bibel erwähnt. Angeblich hat Noah die Fugen seiner Arche mit Asphalt abgedichtet.

Warum sollte man Kochtöpfe beim Kochen zudecken?

Das spart Energie. Der Deckel hält Wärme zurück und erhöht den Luftdruck im Topf. Das Wasser wird heißer, bevor es verdampft, und das Kochgut schneller gar. Wenn man ohne Deckel kocht, verbraucht man viermal so viel Energie wie beim Kochen mit Deckel.

Kann man einen Heißluftballon hören?

Der Brenner im Heißluftballon macht ein lautes, fauchendes Geräusch. Man kann es schon aus weiter Ferne hören. Das plötzliche Auftauchen – und Losfauchen – eines Heißluftbal-

lons, der in geringer Höhe über Land fährt, kann Tiere erschrecken. Vor allem Pferde, Rinder und Rehe geraten oft in Panik. Die verängstigten Tiere stürmen davon und verletzen sich dabei. Deshalb fordern Naturschützer ein Verbot von Heißluftballons mit lauten Brennern.

Kann man mit einem Glasauge sehen?

Menschen, die durch einen Unfall oder durch eine Krankheit ein Auge verloren haben, haben oft ein Glasauge statt des richtigen Auges. Das Glasauge ist eine Glaskugel, die wie ein Auge gestaltet und genauso gefärbt ist wie das andere Auge. Es wird in die leere Augenhöhle eingesetzt und sieht ziemlich echt aus. Aber natürlich kann man mit dem Glasauge nichts sehen.

Warum krümelt ein tiefgefrorener Kaugummi?

Ob ein bestimmter Stoff spröde oder elastisch ist, hängt auch von seiner Temperatur ab. Wasser beispielsweise kommt in verschiedenen Zustandsformen vor. Bei Temperaturen unterhalb von null Grad Celsius verwandelt es sich in sprödes, starres, zerbrechliches Eis. Auch Dinge, die viel Wasser enthalten, werden in gefrorenem Zustand starr. Deshalb kann man einen angeklebten Kaugummi sehr einfach aus einem Kleidungsstück, zum Beispiel aus einem Pullover, lösen. Man braucht den Pullover bloß in der Tiefkühltruhe einzufrieren.

Bei Minusgraden erstarrt die im Kaugummi enthaltene Feuchtigkeit zu Eis. Er krümelt und die eisigen Kaugummikrümel kann man einfach ausbürsten.

Woher hat das Murmeltier seinen Namen?

Murmeltiere sind große Nagetiere, die in den Alpen und anderen europäischen Gebirgen in Höhen oberhalb von 1500 Meter leben. Den Winter verbringen die Tiere im Winterschlaf in Wohnhöhlen, die sie mit Gras auspolstern. Murmeltiere sind mit den Hörnchen verwandt. Das Wort Murmeltier kommt ursprünglich vom lateinischen „mus montis" – Bergmaus. Murmeltiere murmeln nicht. Wenn sie Laute ausstoßen, dann grelle Pfiffe. Damit warnen sie ihre Artgenossen vor Gefahr.

Wer hat das Stricken erfunden?

Das Stricken mit Stricknadeln wurde erst im späten Mittelalter erfunden, und zwar von den Frauen schottischer Fischer. Sie verstrickten Garne aus Schafwolle zu Pullovern und Mützen. Das tat den Fischern an der rauen Nordsee gut und vertrieb den Frauen wohl auch die Wartezeit. Die Strickkunst verbreitete sich nur langsam. In Spanien bildeten die Stricker lange Zeit eine eigene Zunft von Handwerkern. Stricken galt als Kunst und daher als Männersache. Man strickte vor allem Strumpfhosen, die von den Herren am Königshof unter den

kurzen Hosen getragen wurden. Vor 400 Jahren wurde die erste Strickmaschine erfunden.

Was war der Unterschied zwischen Piraten und Freibeutern?

Freibeuter waren Seeräuber, die im Dienste einer Regierung standen und nur einen Teil der Beute behalten durften. Piraten wirtschafteten ausschließlich in die eigene Tasche und galten als gewöhnliche Kriminelle.

Was ist Myrrhe?

Die Bibel erzählt von drei Magiern, die dem Jesuskind Gold, Weihrauch und Myrrhe an die Krippe brachten. Myrrhe ist ein Grundstoff für orientalische Parfüms. Man schickt Ziegen zum Grasen in die Myrrhebüsche; die Harzkügelchen bleiben im Ziegenbart hängen.

Woher stammt die Baumwolle?

Baumwolle wird aus dem Samen von Baumwollsträuchern gewonnen, die in heißen Ländern wie in Indien, Ägypten oder im Süden der USA wachsen. Die reifen Samenkapseln sind von schneeweißen Haaren bedeckt. Sie werden gepflückt, von den Samenkernen befreit und gereinigt. Dann wird der Filz aus den Baumwollsamenhaaren in Stränge

gekämmt; die Stränge werden zu langen Fäden gedreht. Aus dem Baumwollgarn kann man Teppiche und Stoffe weben oder Pullover stricken.

Wie wird Seide gewonnen?

Seidenstoff besteht aus den hauchdünnen Fäden, mit denen sich die Raupe des Seidenspinners, eines Schmetterlings, einhüllt. Seide ist also ein Tierhaar. Bevor sich die Raupe in einen Schmetterling verwandelt, verpuppt sie sich. Sie spinnt sich in eine Hülle ein. Diese Hülle nennt man den Kokon. Bei der Gewinnung von Seide werden die Schmetterlingspuppen getötet. Nun wickelt man den fast einen Kilometer langen Seidenfaden von der Hülle ab. Mehrere Fäden werden zu Seidengarn zusammengedreht. Daraus webt man schließlich den Seidenstoff.

Woher hat das Morgenland seinen Namen?

Morgenland ist die Bezeichnung für die Länder Asiens und Nordafrikas. Der Gegensatz dazu ist das Abendland. Damit ist der westliche Teil Europas gemeint. Diese Einteilung stammt von den alten Römern, die ihre Hauptstadt für den Mittelpunkt der Welt hielten. Jene Gebiete, in denen, von Rom aus gesehen, die Sonne aufging, nannten sie den Orient, das Land der aufgehenden Sonne. Die deutsche Bezeichnung Morgenland meint das Land, über dem am Mor-

gen die Sonne steht – also den Osten. Abendland ist der Westen; hier steht die Sonne am Abend.

Warum ist der Schiefe Turm von Pisa so schief?

Der berühmte Schiefe Turm in der italienischen Stadt Pisa sollte eigentlich gerade sein wie jeder andere Turm. Doch die Baumeister machten damals einen riesigen Fehler. Sie setzten den 55 Meter hohen Glockenturm auf weiche Erde, anstatt tiefe und starke Fundamente zu graben. Der Untergrund gab nach und der Turm begann sich schon während der Bauarbeiten im Jahr 1173 zu neigen. Heute neigt er sich etwa fünf Meter weit – und das ist gefährlich. Touristen dürfen ihn nicht mehr besteigen.

Leseprobe aus dem
Ravensburger Taschenbuch 53099
„Allgemeinwissen für Schlauköpfe"
von Nikolaus Lenz